Kauderwelsch
Band 91

© Wolfgang Fittkau@Fotolia.com

Minarett in Peschawar

Impressum

Dr. Erhard Bauer
Paschto – Wort für Wort
erschienen im
Reise Know-How Verlag Peter Rump GmbH
Osnabrücker Str. 79, D-33649 Bielefeld
info@reise-know-how.de

3. Auflage 2013

Bearbeitung Michael Blümke
Layout Kerstin Belz
Layout-Konzept Günter Pawlak, FaktorZwo! Bielefeld
Umschlag Peter Rump; Coverfoto: ©Venelin_Petkov@Fotolia.com
Kartographie Iain Macneish
Fotos Christoph Kraul, Fotografen@Fotolia.com
Druck und Bindung Werbedruck GmbH Horst Schreckhase, Spangenberg

ISBN 978-3-89416-282-5
Printed in Germany

Dieses Buch ist erhältlich in jeder Buchhandlung Deutschlands, Österreichs, der Schweiz und der Benelux-Staaten. Bitte informieren Sie Ihren Buchhändler über folgende Bezugsadressen:
Deutschland Prolit GmbH, Postfach 9, 35461 Fernwald (Annerod) sowie alle Barsortimente
Schweiz AVA-buch 2000, Postfach 27, CH-8910 Affoltern
Österreich Mohr Morawa Buchvertrieb GmbH, Sulzengasse 2, A-1230 Wien
Belgien & Niederlande Willems Adventure, www.willemsadventure.nl
direkt Wer im Buchhandel kein Glück hat, bekommt unsere Bücher zuzüglich Porto- und Verpackungskosten auch direkt über unseren Internet-Shop: ***www.reise-know-how.de***

Kauderwelsch

Dr. Erhard Bauer

Paschto

Wort für Wort

Kauderwelsch-Sprechführer sind anders!

Warum? Weil sie Sie in die Lage versetzen, wirklich zu sprechen und die Leute zu verstehen.

Wie wird das gemacht? Abgesehen von dem, was jedes Sprachbuch bietet, nämlich Vokabeln, Beispielsätze usw., zeichnen sich die Bände der Kauderwelsch-Reihe durch folgende Besonderheiten aus:

Die **Grammatik** wird in einfacher Sprache so weit erklärt, dass es möglich wird, ohne viel Paukerei mit dem Sprechen zu beginnen, wenn auch nicht gerade druckreif.

Alle Beispielsätze werden doppelt ins Deutsche übertragen: zum einen **Wort-für-Wort**, zum anderen in „ordentliches" Hochdeutsch. So wird das fremde Sprachsystem sehr gut durchschaubar. Denn in einer fremden Sprache unterscheiden sich z. B. Satzbau und Ausdrucksweise recht stark vom Deutschen. Ohne diese Übersetzungsart ist es so gut wie unmöglich, schnell einzelne Wörter in einem Satz auszutauschen.

Die **Autorinnen** und **Autoren** der Reihe sind Globetrotter, die die Sprache im Land selbst gelernt haben. Sie wissen daher genau, wie und was die Leute auf der Straße sprechen. Deren Ausdrucksweise ist nämlich häufig viel einfacher und direkter als z. B. die Sprache der Literatur oder des Fernsehens.

Besonders wichtig sind im Reiseland **Körpersprache**, **Gesten**, **Zeichen** und **Verhaltensregeln**, ohne die auch Sprachkundige kaum mit Menschen in guten Kontakt kommen. In allen Bänden der Kauderwelsch-Reihe wird darum besonders auf diese Art der nonverbalen Kommunikation eingegangen.

Kauderwelsch-Sprechführer sind keine Lehrbücher, aber viel mehr als Sprachführer! Wenn Sie ein wenig Zeit investieren und einige Vokabeln lernen, werden Sie mit ihrer Hilfe in kürzester Zeit schon Informationen bekommen und Erfahrungen machen, die „sprachlosen" Reisenden verborgen bleiben.

Inhalt

Anhang

Pakistanischer „Jingle Truck“ aus Peschawar

Vorwort

Sie haben zu einem Paschto-Sprachführer gegriffen, vielleicht auch nur, weil Sie vorher von dieser Sprache noch nie etwas gehört haben. Wenn Sie sich aber mit dem Paschto beschäftigen, könnten auch Sie die Erfahrung machen, die ich in Afghanistan und im Westen Pakistans gesammelt habe: Paschto ist der Schlüssel zu Erlebnissen und Bekanntschaften, die sich Ihnen nicht einmal erschließen, wenn Sie für einen Aufenthalt in Afghanistan Persisch und für Pakistan Urdu gelernt haben.

Paschto kann Ihnen den Zugang zu einem Volk ermöglichen, das für seinen Stolz, seine Gastfreundschaft und seinen Unabhängigkeitswillen berühmt ist.

Wie jede Sprache will es gelernt sein, und vielleicht hält es einige Schwierigkeiten bereit – Sie werden sich aber ausreichend honoriert fühlen, wenn Sie das erste Mal ein anerkennendes Zungenschnalzen und den Ausruf hören:

Gura, dā pə pachto pohegi!
Schau mal, der / die spricht Paschto!

Hinweise zur Benutzung

Dieser Kauderwelsch-Band beginnt mit der Aussprache und der Umschrift für das Paschtoalphabet und seine Laute. Die Umschrift erleichtert Ihnen den Zugang zur Sprache und ermöglicht es Ihnen, gleich von Beginn an zu sprechen. Darüber hinaus ist der Band in drei Abschnitte unterteilt:

Grammatik

Die Grammatik wurde so exakt wie möglich wiedergegeben, ist aber auf das Wesentliche beschränkt. Denken Sie auch bitte daran, dass jede Sprache in ihren Dialekten vielfältige Abweichungen von der Norm bereithält. Wenn Sie sich tiefergehend mit der Grammatik beschäftigen wollen, finden sie Literaturhinweise dazu im Anhang dieses Buches.

Konversation

Im Teil Konversation finden Sie Sätze aus alltäglichen Gesprächssituationen. Sie sollen Ihnen helfen, sich in verschiedenen Situationen zu verständigen, und Ihnen einen Eindruck geben, wie Paschto klingt.

Wort-für-Wort-Übersetzung

Jede Sprache hat ein typisches Satzbaumuster. Um die sich vom Deutschen unterscheidende Wortfolge zu verstehen und das Lernen zu erleichtern, gibt es eine Wort-für-Wort-Übersetzung in kursiver Schrift. Jedem Paschto-Wort entspricht ein Wort in der Wort-für-Wort-Übersetzung. Wird ein Paschto-Wort im Deutschen durch zwei Wörter übersetzt, werden diese in der Wort-für-Wort-Zeile mit einem Bindestrich verbunden:

kitāb āchləm.
Buch ich-nehme
Ich nehme das Buch.

Werden in einem Satz mehrere Wörter angegeben, die Sie untereinander austauschen können, steht ein Schrägstrich:

zə dschərmanay / swis / otrischi yəm.
ich Deutscher / Schweizer / Österreicher bin
Ich bin Deutscher / Schweizer / Österreicher.

Unterscheiden sich die männliche und weibliche Form eines Wortes, so wird dies wie im folgenden Beispiel wiedergegeben:

āya tāsu dschərmanay / dschərmaney yāst?
ob ihr Deutscher(m/w) seid
Sind Sie Deutscher / Deutsche?

Mit Hilfe der Wort-für-Wort-Übersetzung sind Sie in der Lage, eigene Sätze zu bilden. Sie können die Beispielsätze als Fundus von Satzschablonen und -mustern benutzen, die Sie selbst Ihren Bedürfnissen anpassen. Um Ihnen das zu erleichtern, ist ein Teil der Beispielsätze nach allgemeinen Kriterien geordnet (z.B. „Unterwegs"). Haben Sie ein wenig Mut und bauen Sie mit Beispielen selbst neue Sätze. Wenn das Ergebnis vom tatsächlichen Sprachgebrauch abweicht, werden es Ihnen Ihre Gesprächspartner sagen – so können Sie gleichzeitig lernen und sich verständigen.

Hören Sie sich Ausprachebeispiele mit Ihrem Smartphone an! Ausgewählte Kapitel im Konversationsteil sind dafür mit einem QR-Code ausgestattet.

© Thomas Pfauth@Fotolia.com

Stadtlandschaft von Kabul

Wörterlisten Die Wörterlisten am Ende des Buches helfen Ihnen dabei. Sie enthalten einen Grundwortschatz von je ca. 1000 Wörtern in beiden Richtungen (Deutsch – Paschto, Paschto – Deutsch).

Umschlagklappe Die Umschlagklappe hilft, die wichtigsten Sätze und Formulierungen stets parat zu haben. Hier finden sich auch die wichtigsten Angaben zur Aussprache sowie eine kleine Liste der wichtigsten Fragewörter, Richtungs- und Zeitangaben.

Aufgeklappt ist der Umschlag eine wesentliche Erleichterung, da nun die gewünschte Satzkonstruktion mit dem entsprechenden Vokabular aus den einzelnen Kapiteln kombiniert werden kann.

Wenn alles nicht mehr weiterhilft, dann ist vielleicht das Kapitel „Nichts verstanden? – Weiterlernen!“ der richtige Tipp. Es befindet sich ebenfalls im Umschlag, stets bereit, mit der richtigen Formulierung für „Ich verstehe leider nicht.“ oder „Können Sie das bitte wiederholen?“ auszuhelfen.

Seitenzahlen

Um Ihnen den Umgang mit den Zahlen zu erleichtern, wird auf jeder Seite die Seitenzahl auch in Paschto angegeben!

Die Sprache

Paschto ist eine indo-europäische Sprache, die zum östlichen Zweig der iranischen Sprachgruppe gehört. Es wird von den Paschtunen in Afghanistan und im Westen Pakistans (ca. 39 Millionen Menschen) gesprochen und dient auch Nichtpaschtunen in diesem Gebiet als Verkehrssprache. Sie werden Paschtosprecher hauptsächlich im Süden und Südosten, aber darüber hinaus in allen wichtigen Siedlungen Afghanistans finden. Die zusammenhängenden Siedlungsgebiete der Paschtunen in Pakistan reichen von Quetta im Süden über die bedeutendste paschtunische Stadt Peschawar bis in das Swat-Tal und den Chitral im Norden und an den Indus im Osten. Es leben aber auch in Pakistan Paschtunen an allen wichtigen Transitwegen und in alleen großen Städten des Landes.

Paschto ist gemeinsam mit dem Dari (afghanisches Persisch) Staatssprache Afghanistans. Für 60 % der Afghanen ist es die Muttersprache (allerdings hat Dari traditionell im öffentlichen Leben höheres Prestige). In beiden Ländern, Afghanistan und Pakistan, gibt es Schulunterricht, Radiosendungen, Filme, Fernsehen, Zeitungen und Bücher in Paschto.

Paschto besitzt eine Vielzahl von Dialekten, aber keine Angst, die in diesem Buch vorgestellten Beispiele sind so gewählt, dass sie von allen Paschtosprechern verstanden werden können. Sie entsprechen einem Standard, der auch in Schule und Medien verwendet wird; als Aussprachevariante bestimmter Laute wurde der Ostdialekt gewählt.

Im Paschto spiegeln sich die geschichtlichen Einflüsse in dieser Region wider: arabische und persische Entlehnungen, in der neueren Zeit Englisch und Urdu – all das wur-

de in die Sprache aufgenommen und ihrem System angepasst. Dies geschah allerdings in Pakistan und Afghanistan aufgrund der kolonialen Grenzziehung auf unterschiedliche Weise. Deshalb wird in diesem Buch gelegentlich hinter Begriffen ein Vermerk – *(P)* für Pakistan und *(A)* für Afghanistan – anzutreffen sein. Oft ist es jedoch auch so, dass für den gleichen Sachverhalt mehrere Wörter verwendet werden, ein ursprüngliches Paschto-Wort, ein persisches, ein arabisches, eines aus dem Urdu und manchmal noch ein englisches. Das macht die Sprache reizvoll und abwechslungsreich. Auch der Lernende, der darüber am Anfang noch stöhnt, wird das bald so empfinden.

Alphabet & Umschrift

Das Paschto-Alphabet ist ein verändertes arabisch-persisches Alphabet. Die Buchstaben treten in verschiedenen Formen auf, abhängig davon, ob sie am Anfang, in der Mitte oder am Ende des Wortes stehen. Es gibt Buchstaben, die, obwohl unterschiedlich geschrieben, im Paschto den gleichen Laut bezeichnen. Die Unterschiede in der Schreibung lassen die Herkunft eines Wortes erkennen. Für unsere Zwecke ist das jedoch unerheblich, sie werden deshalb mit den gleichen Umschriftzeichen wiedergegeben. Beachten Sie deshalb, dass die hier verwendete Umschrift keine exakte Rekonstruktion des Schriftbildes zulässt!

In der Spalte „Name" finden Sie die Bezeichnung des jeweiligen Buchstaben. In den darauffolgenden Spalten werden die Varianten aufgeführt, mit denen der Buchstabe in der jeweiligen Stellung im Wort geschrieben wird. Unter „Laut" erscheint die für diese Buch gewählte Umschrift.

Geschrieben wird von rechts nach links. Es gibt keine Groß- und Kleinschreibung. Die Buchstaben, die mit einem # gekennzeichnet sind, werden nicht nach links verbunden. Die mit einem * gekennzeichneten Buchstaben haben dialektale Aussprachevarianten. In diesem Kauderwelsch-Sprechführer wird die Ostvariante verwendet.

Kauderwelsch-AusspracheTrainer
*Falls Sie sich die wichtigsten Paschto-Sätze, die in diesem Buch vorkommen, einmal von einem Einheimischen gesprochen anhören möchten, kann Ihnen Ihre Buchhandlung den **AusspracheTrainer (Audio-CD)** zu diesem Buch besorgen. Sie bekommen es auch über unseren Internetshop **www.reise-know-how.de** Dort steht der **AusspracheTrainer** auch als **MP3-Download** zur Verfügung. Alle Sätze, die Sie auf dem **AusspracheTrainer** hören können, sind in diesem Buch mit einem 👂 gekennzeichnet.*

Name	Wort-anfang	Wort-mitte	Wort-ende	Laut
alif	ا	ـا	ـا	ā
be	بـ	ـبـ	ـب	b
pe	پـ	ـپـ	ـپ	p
te	تـ	ـتـ	ـت	t
ṭe	ټـ	ـټـ	ـټ	ṭ
se	ثـ	ـثـ	ـث	s
dschim	جـ	ـجـ	ـج	dsch
tsche	چـ	ـچـ	ـچ	tsch
dze	ځـ	ـځـ	ـځ	dz
ce	څـ	ـڅـ	ـڅ	c
he	حـ	ـحـ	ـح	h
che	خـ	ـخـ	ـخ	ch
dal #	د	ـد	ـد	d
ḍal #	ډ	ـډ	ـډ	ḍ
zal #	ذ	ـذ	ـذ	z
re #	ر	ـر	ـر	r
ṛe #	ړ	ـړ	ـړ	ṛ
ze #	ز	ـز	ـز	z
že #	ژ	ـژ	ـژ	ž
ge* #	ږ	ـږ	ـږ	g
sin	سـ	ـسـ	ـس	s
schin	شـ	ـشـ	ـش	sch

Es gibt eine Vielzahl von Schrifttypen; gedruckte Schrift und Handschrift unterscheiden sich wesentlich voneinander. Schrift wird oft als künstlerisches Ausdrucksmittel verwendet, was sie für den Lernenden mitunter schwer lesbar macht.

Name	Wort-anfang	Wort-mitte	Wort-ende	Laut
che*	ښـ	ـښـ	ښ	ch
sad	صـ	ـصـ	ص	s
zad	ضـ	ـضـ	ض	z
ta	ط	ـط	ـط	t
za	ظ	ـظ	ـظ	z
'ain	عـ	ـعـ	ع	'
ġain	غـ	ـغـ	غ	ġ
fe	فـ	ـفـ	ـف	f
qaf	قـ	ـقـ	ق	q
kaf	کـ	ـکـ	ک	k
gaf	گـ	ـگـ	گ	g
lam	لـ	ـلـ	ل	l
mim	مـ	ـمـ	م	m
nun	نـ	ـنـ	ن	n
nuṇ		ـڼـ	ڼ	ṇ
waf #	و	ـو	ـو	w, o, u
he	هـ	ـهـ	ـه	h, a, ə
ya	یـ	ـیـ	ی	j, ay, i
ya	ېـ	ـېـ	ې	e
ya			ۍ، ئ	əy

Wer mehr wissen möchte, kann auf die in den Literaturhinweisen genannten Werke zurückgreifen oder sich von einem Muttersprachler unterweisen lassen.

Aussprache

Selbstlaute (Vokale)

a	ein vergleichsweise helles „a“, wie in „bald“
ā	dunkleres, gelängtes „a“, vergleichbar unserem„a“ +Dehnungs- „h“ wie in „Sahne“; kann im Paschto auch in unbetonten Silben vorkommen
e	von der Länge und Qualität wie das erste (betonte) „e“ in „Regen“
ə	dumpf gemurmelt ausgesprochen, wie das unbetonte End-„e“ in „Erde“; kann im Paschto auch betont werden
i	wie in „Kind“
o	wie in „Tor“*
u	wie in „Hund“*
ay	wie in „Mai“
əy	wie in engl. „made“
oy	wie in „Leute“

** Bei einigen Sprechern und Dialekten ist der Unterschied zwischen* o *und* u *oft nicht deutlich zu erkennen.*

Mitlaute (Konsonanten)

Bei den Mitlauten (Konsonanten) ist darauf zu achten, dass zwischen stimmhaften und stimmlosen Lauten unterschieden wird.

s	stimmlos wie in „nass“
dsch	stimmhaftes „dsch“ wie in „Dschungel“
tsch	stimmloses „tsch“ wie in „deutsch“
dz	stimmhaft, versuchen Sie, stimmhaftes „d“ und stimmhaftes „s“ (wie in „Rose“) nacheinander auszusprechen
c	stimmloses „ts“, wie in „Katze“
h	wie in „Himmel“, wird immer gesprochen (kein Dehnungszeichen!)

ch	im Rachen auszusprechen, wie in „ach“
z	stimmhaftes „s“, wie in „Rose“
r	ein gerolltes Zungenspitzen-„r“
ž	stimmhaftes „sch“, wie in „Journal“
sch	stimmloses „sch“, wie in „schön“
'	kennzeichnet einen „Knacklaut“, wie wenn im Deutschen bei einem Vokal neu angesetzt wird: „ver-eisen”
ġ	ist ein Kehllaut, der dem deutschen geriebenen „r“ ähnlich ist, nur dass er weiter hinten im Rachen gebildet wird. Unterscheiden Sie deutlich zwischen r (gerollt, auf der Zungenspitze) und ġ (nicht gerollt, im Rachen)!
q	ist ein Verschlusslaut wie das „k“, wird aber an dem selben Punkt hinten im Rachen wie das ġ gebildet.
w	wird mit gerundeten Lippen wie das englische „w“ gesprochen
y	als Bestandteil von Doppelvokalen (ay, əy, oy) und als Gleitlaut vor Vokalen, wie in „ja“.

Die Betonungsstelle variiert von Wort zu Wort. Daher ist sie in diesem Buch bei mehrsilbigen Wörtern durchgängig durch die Unterstreichung des betonten Vokals gekennzeichnet.

Eine Besonderheit des Paschto sind die so genannten Retroflex-Laute: ṭ, ḍ, ṛ und ṇ. Ihr Erlernen wird etwas Übung erfordern: Legen Sie die Zunge dabei nach hinten gerollt oben an den Gaumen (nicht wie im Deutschen an das Zahnfleisch!) und artikulieren sie dann ṭ (stimmlos), ḍ (stimmhaft), ṛ und ṇ. Am besten gelingt das in Verbindung mit Vokalen; ṇ kann ohnehin nie am Wortanfang stehen.

Wörter, die weiterhelfen

... tscherta dəy?
Wo ist ...? / Wo gibt es ...? *(m)*

hoṭəl tscherta dəy?
Hotel wo ist(m)
Wo ist ein Hotel?

dākṭar	Arzt	**dukān**	Geschäft, Laden
benk	Bank	**haspiṭal**	Krankenhaus
sifārat	Botschaft	**pulis**	Polizei
bas	Bus	**ṭilfun**	Telefon
erport	Flughafen	**ṭoylət**	Toilette

... tscherta da?
Wo ist ...? / Wo gibt es ...? *(w)*

dāwāchāna	Apotheke
konsulgari	Konsulat
dākchāna *(P)*	Post

Damit Sie nicht ausschließlich auf Gesten angewiesen sind, hier ein paar Richtungsangaben:

chay	rechts	**chi las ta**	nach rechts
kiṇ	links	**kiṇ las ta**	nach links
dəlta	hier(her)	**halta**	dort(hin)
negde	nah	**liri**	weit

si̱da *(P)* / **mustaqi̱m** *(A)*	geradeaus, direkt

mā ta ... pəkā̱r dəy
Ich brauche / suche ...

mā ta ho̱ṭəl pəkā̱r dəy.
von-ich zu Hotel nötig ist(m)
Ich brauche / suche ein Hotel.

stā̱su sara̱ ... schta?
Haben Sie ...?

stā̱su sara̱ kamra schta?
von-ihr mit Zimmer existiert
Haben Sie ein Zimmer?

stā̱su sara̱ ṭilfu̱n schta?
von-ihr mit Telefon existiert
Haben Sie ein Telefon?

Als Antwort hören Sie dann möglicherweise:

dschi / **ho,** *(A)* **ṭilfu̱n schta.**
ja Telefon existiert
Ja, wir haben Telefon.

na, ṭilfu̱n nə̱schta.
nein Telefon nicht-existiert
Nein, wir haben kein Telefon.

zə ... ġwā̱ṛəm
Ich möchte bitte ...

zə ḍodə̱y ġwā̱ṛəm.
ich Brot wünsche
Ich möchte Brot.

zə obə̱ ġwā̱ṛəm.
ich Wasser wünsche
Ich möchte Wasser.

... pə co dəy?
Wie viel kostet ...?

ṭikeṭ pə co dəy?
Fahrkarte in wie-viel ist(m)
Wie viel kostet die Fahrkarte?

dā pə co dəy?
dies in wie-viel ist(m)
Wie viel kostet das?

Hauptwörter

Das Paschto unterscheidet weibliche und männliche Hauptwörter. Anders als im Deutschen gibt es keine Artikel. Das Geschlecht der Hauptwörter kann jedoch oft an ihren Endungen erkannt werden.

Das Paschto ist sehr formenreich, nur die gebräuchlichsten Endungen sollen hier genannt werden.

männlich		weiblich	
Endung auf Konsonant oder -ə:		**Endung -a, -a:**	
kor	Haus	**chədza**	Frau
moṭar *(A)*	Auto	**stərga**	Auge
plār	Vater	**paisa**	Geld
uch	Kamel	**koṭa**	Zimmer
nikə	Großvater		
Endung -ay, -ay:		**Endung -əy:**	
saṛay	Mann	**ḍoḍəy**	Brot, Essen
kəlay	Dorf	**ndschələy**	Mädchen

Hauptwörter im Paschto haben, wie auch die Fürwörter und Eigenschaftswörter, zwei Fälle: einen ungebeugten (Fachbezeichnung: Rectus) und einen gebeugten (Obliquus). Diese Fälle werden auch in der Mehrzahl verwendet. Die Details dazu folgen gleich. Daneben gibt es für Personenbezeichnungen und Namen noch einen Fall, der bei der Anrede einer Person gebraucht wird (Vokativ). Bei männlichen Personen wird -a, bei weiblichen -e und für die Mehrzahl -o angehängt:

achmada!	He, Achmad!
wrora!	He, Bruder!
chore!	He, Schwester!
plāra!	He, Vater!
grāno dostāno!	Liebe Freunde!

Sie sollten den Vokativ bei der Anrede immer verwenden. Er ist nicht so unhöflich, wie er durch das „he!" klingen kann. Dieses „he!" muss im Deutschen lediglich zur Verdeutlichung dieses Falles eingefügt werden.

Mehrzahl

Bei männlichen Hauptwörtern mit Endung auf Konsonant wird in der Mehrzahl die Endung -una angefügt:

kor	Haus	**koruna**	Häuser
moṭar *(A)*	Auto	**moṭaruna**	Autos

Bei männlichen Hauptwörtern mit Endung auf -ay oder -ay wird diese Endung durch -i ersetzt. Die Betonungsstelle bleibt erhalten:

saṛay	Mann	**saṛi**	Männer
kəlay	Dorf	**kəli**	Dörfer

Eine Besonderheit sind einige „belebte" männliche Hauptwörter, die auf Konsonant oder -ə enden. Sie erhalten in der Mehrzahl die Endung -ān, bei Endung auf -ə wird -gān angefügt:

uch	Kamel	**uchān**	Kamele
nikə	Großvater	**nikəgān**	Großväter

Als Besonderheiten seien hier genannt:

pachtun	Paschtune	**pachtānə**	Paschtunen
zoy	Sohn	**zāmen**	Söhne

Aber Achtung: Nicht alle Verwandschaftsbezeichnungen gehören zur „belebten" Kategorie im Sinne der Paschto-Formenlehre:

plār	Vater	**plāruna**	Väter
wror	Bruder	**wruṇa**	Brüder

Bei weiblichen Hauptwörtern werden in der Mehrzahl die Endungen -a und -a durch -e ersetzt, die Betonung bleibt erhalten:

chədza	Frau	**chədze**	Frauen
koṭa	Zimmer	**koṭe**	Zimmer

Hauptwörter mit der Endung -i und -əy erhalten in der Mehrzahl die Endung -əy:

ḍoḍəy	Brot	**ḍoḍəy**	Brote
bāzi	Spiel	**bāẓəy**	Spiele

Auch hier fallen die Verwandschaftsbezeichnungen aus dem Rahmen:

mor	Mutter	**ménde**	Mütter
chor	Schwester	**chwénde**	Schwestern
lur	Tochter	**lúṇi**	Töchter

Beugung der Hauptwörter (Fälle)

Hauptwörter haben im Paschto eine ungebeugte und eine gebeugte Form. Der ungebeugte Fall wird im Paschto immer verwendet, wenn das Hauptwort keine Verhältniswörter bei sich hat, d. h. auch dann, wenn es als Satzergänzung (Objekt) gebraucht wird. Eine Ausnahme bilden einige Formen der Vergangenheit. Die gebeugte Form wird immer dann verwendet, wenn Verhältniswörter beim Hauptwort stehen, sowie in einigen Formen der Vergangenheit. Trotz der Vielfalt der Formen kann als Faustregel für die gebeugten Formen in der Einzahl gelten:

- männliche Hauptwörter auf Konsonant und -ə bleiben unverändert;
- die gebeugte Form der männlichen Hauptwörter auf -ay und -ay ist gleich der Form der Mehrzahl, endet also auf -i;
- die gebeugte Form der weiblichen Hauptwörter ist gleich der ungebeugten Form der Mehrzahl.

Für die gebeugten Formen der Mehrzahl kann als Faustregel gelten, dass der letzte Vokal, wenn er ein -a oder ein -e ist, durch ein -o ersetzt wird. Bei den Endungen -ān, -i oder -əy wird dieses -o noch zusätzlich daran angefügt. Diese Endung -o ist in der Regel unbetont.

Ein an einen Vokal angefügtes -o bekommt noch einen Gleitlaut und wird so zu -yo.

Einzahl	Ez gebeugt	Mehrzahl	Mz gebeugt
kor	kor	koruna	koruno
saṛay	saṛi	saṛi	saṛiyo
nikə	nikə	nikəgān	nikəgāno
chədza	chədze	chədze	chədzo
ḍoḍəy	ḍoḍəy	ḍoḍəy	ḍoḍəyo

Hinweisende Fürwörter

Das Paschto kennt anders als das Deutsche drei Stufen von hinweisenden Fürwörtern:

dā	für etwas Naheliegendes
dağə	für etwas weiter Entferntes
hağə	für etwas noch weiter Entferntes

dā ist sowohl für männliche als auch weibliche Hauptwörter und deren Mehrzahl zu verwenden; die dazugehörige gebeugte Form lautet de. hağə und dağə werden für männliche Hauptwörter in der Einzahl verwendet. Daz gibt es jeweils noch eine weibliche Form: hağe und dağe. Die Mehrzahlformen für beide Geschlechter sind haga und dağá, und die entsprechenden gebeugten Formen sind hago und dago:

dā saṛay	dieser Mann	**dā koruna**	diese Häuser
dā chədza	diese Frau	**dā mende**	diese Mütter
haġə haləķ	dieser Junge da	**haġá haləkān**	diese Jungen da
daġe koṭa	jenes Zimmer	**daġa koṭe**	jene Zimmer

Kriegsruine des ehemaligen Königspalastes in Kabul

Persönliche Fürwörter

Auch die persönlichen Fürwörter haben eine ungebeugte und eine gebeugte Form. Letztere gebraucht man ebenso wie bei den Hauptwörtern in Verbindung mit Verhältniswörtern sowie in der Vergangenheit:

zə / mā	ich	**mung / mung**	wir
tə / tā	du	**tāsu / tāsu**	ihr, Sie
day / də	er	**duy / duy**	sie *(Mz)*
dā / de	sie *(w)*		

In der Tabelle stehen die gebeugten Formen jeweils nach dem Schrägstrich.

Verhältniswörter

Um zu verstehen, wo der gebeugte Fall der Haupt- und Fürwörter verwendet wird und wie das aussieht, werfen wir an dieser Stelle einen Blick auf die Verhältniswörter. Sie können im Paschto vor dem Hauptwort, dahinter und um das Hauptwort herum stehen. Das Hauptwort steht dabei im gebeugten Fall.

Verhältniswörter, die vor dem Hauptwort stehen, bezeichnet man auch als Präpositionen. Die diesem nachfolgenden heißen allerdings Postpositionen.

vor dem Hauptwort

də – von (*zum Ausdruck des Besitzes*)	**də plār** *von Vater* des Vaters, Vater gehörend	**də ālma̱n** *von Deutschland* aus Deutschland
pə ... – vermittels	**pə moṭa̱r** *vermittels Auto* mit dem Auto	
be ... – ohne	**be payso̱** *ohne Geld(Mz.)* ohne Geld	

nach dem Hauptwort

... ta – zu (... hin)	**kor ta** *Haus zu* zum Haus, nach Hause	**kə̱li ta** *Dorf zu* zum Dorf, ins Dorf

um das Hauptwort herum

lə ... sara
– mit

lə chədzo sara
von Frauen mit
mit den Frauen

Statt lə *kann in vielen Fällen vor dem Hauptwort auch* də *stehen.*

lə ... cəcha
– aus (... heraus)

lə chār cəcha
von Stadt heraus
aus der Stadt

də ... lə pāra
– für

də safar lə pāra
von Reise von für
für die Reise

pə ... ki
– in

pə bas ki
in Bus drinnen
im Bus

In Peschawar hört man anstatt pə bas ki *oft auch nur* bas ki.

də ... pə bāra ki
– über, betreffend

də žəbe pə bāra ki
von Sprache in über drinnen
über die Sprache

weitere Verhältniswörter

də ... pə negde ki	in der Nähe
də ... tər schā	hinter *(räuml.)*
də ... pə cāng	neben *(räuml.)*
də ... tər lāndi	unter *(räuml.)*
də ... pər bāndi	über, auf *(räuml.)*
də ... na məch ki	vor *(räum. / zeitl.)*
də ... pə chwā	vor *(zeitl.)*
də ... na wrusta	nach *(zeitl.)*
də ... pə wasila	vermittels
də ... pə zəd	gegen

Die Präposition də erfordert noch eine besondere Bemerkung: Wenn sie den Besitzer eines anderen Hauptworts ausdrückt, wird der Besitzer-Ausdruck mit də dem Besitz-Hauptwort vorangestellt (also anders herum als im Deutschen):

də plār kor
von Vater Haus
das Haus des Vaters

də hoṭəl koṭa
von Hotel Zimmer
das Hotelzimmer

də kitābuno dukān
von Büchern Laden
der Buchladen

Viele Wortverbindungen, die im Deutschen aus zwei Hauptwörtern bestehen, werden im Paschto nach dem obenstehenden Muster mit der də-Konstruktion gebildet.

Besitzanzeigende Fürwörter

Die də-Konstruktion wird auch für die besitzanzeigenden Fürwörter verwendet. Hier gibt es aber die Besonderheit, dass bei einigen das Verhältniswort də mit dem Fürwort lautlich verschmilzt. So wird dann də mā zu zmā, də tā zu stā, də mung zu zmung, und də tāsu zu stāsu. Geschlecht und Zahl des folgenden Hauptwortes (des Besitzes) haben keine Auswirkungen auf das besitzanzeigende Fürwort.

zmā dost
von-ich Freund
mein Freund

zmung ho̲ṭəl
von-wir Hotel
unser Hotel

stā kitā̲b
von-du Buch
dein Buch

stā̲su koṭa̲
von-ihr Zimmer
euer / Ihr Zimmer

də də mor
von er Mutter
seine Mutter

də duy ṭikəṭu̲na
von sie(Mz) Fahrscheine
ihre Fahrscheine

də de plār
von sie(w) Vater
ihr Vater

Die „hohe Schule" ist dann für die Paschto-Lernenden das Verknüpfen von besitzanzeigenden und noch weiteren Verhältniswörtern:

zmā də plār kor
von-ich von Vater Haus
das Haus meines Vaters

də ho̲ṭəl pə koṭe̲ ki
von Hotel in Zimmer drin
im Hotelzimmer

də chə̲dzo pə kor ki
von Frauen in Haus drin
im Haus der Frauen

zmung də koṭe̲ də qema̲t pə bā̲ra ki
von-wir von Zimmer von Preis in über drinnen
über den Preis unseres Zimmers

Das ist aber leicht zu lernen, wenn Sie beachten, dass die Besitzanzeige immer vor dem Rest des Ausdruckes steht und die Konstruktionen für die Sinnzusammenhänge („in", „über", „mit" usw.) nicht auseinander gerissen werden.

Bindewörter

au	und
yauwāzi, faqat	nur
ləkin, amma	aber
də ... pə schān	wie
tsche	dass
hātta	sogar
dzəka tsche	weil
kəla tsche	wenn *(zeitl.)*
agar	wenn, falls
no, ka	oder
ham	auch
ham ... ham	sowohl ... als auch
nə yauwāzi ... bálki ham	nicht nur ... sondern auch
yā ... yā	entweder ... oder

zə dzəm dzeka tsche zə yau mulaqāt larəm.
ich gehe weil dass ich ein Verabredung habe
Ich gehe, weil ich eine Verabredung habe.

mung ham islāmābād ham tschitrāl ta dzu.
wir auch Islamabad auch Chitral zu gehen
Wir fahren sowohl nach Islamabad als auch nach Chitral.

Eigenschaftswörter

Die Eigenschaftswörter stehen vor dem Hauptwort und bilden mit ihm eine satzbauliche Einheit. Das heißt, dass auch sie männliche und weibliche Formen haben, Auskunft über Ein- und Mehrzahl geben und im grammatischen Fall mit den Hauptwörtern übereinstimmen, die sie näher bezeichnen.

Bei der Verwendung von Verhältniswörtern beziehen diese sich auf die Einheit Eigenschaftswort + Hauptwort. Kein Teil des Verhältniswortes kann zwischen Eigenschaftswort und Hauptwort stehen.

Als Faustregel für die Vielfalt der Formen kann gelten, dass bei männlichen und weiblichen Formen jeweils die Formen des gebeugten Falles in der Einzahl und des ungebeugten Falles der Mehrzahl gleich sind, und dass für männliche und weibliche Eigenschaftswörter oft eine gemeinsame Form des gebeugten Falles der Mehrzahl existiert. Dieses Schema ist uns schon bei den Hauptwörtern begegnet.

Eigenschaftswörter, die auf Mitlaut oder -oy bzw. -ə enden, sind männlich. Sie verändern sich in der Mehrzahl und im gebeugten Fall Einzahl nicht. Weibliche Formen dieser Eigenschaftswörter werden durch das Anfügen von -a (unbetont) gebildet. Dieses ändert sich in der gebeugten Form der Einzahl und der ungebeugten Form der Mehrzahl in -e (unbetont).

Die gebeugte Form der Mehrzahl der weiblichen und der männlichen Form dieser Eigenschaftswörter hat die Endung -o, wobei nach Selbstlauten noch ein Gleitlaut eingefügt wird: -yo.

muhim chat	**muhima chabəra**
wichtiger Brief	*wichtig(w) Wort(w)*
wichtiger Brief	wichtige Sache
loy kor	**loya kamra**
groß Haus	*groß(w) Zimmer(w)*
großes Haus	großes Zimmer
loy koruna	**loye kamre**
groß Häuser	*große(w) Zimmer(w Mz)*
große Häuser	große Zimmer
pə loy kor ki	**pə loyo kamro ki**
in groß Haus drin	*in große(gebeugt Mz) Zimmer(gebeugt Mz.) drin*
im großen Haus	in den großen Zimmern

Eigenschaftswörter mit Endung auf betonten Vokal können bei Hauptwörtern beiderlei Geschlechts stehen. Sie verändern sich auch nicht in der Mehrzahl und im gebeugten Fall. Eigenschaftswörter mit der Endung -ay / -ay sind männlich. Sie verändern sich im gebeugten Fall der Einzahl und ungebeugten Mehrzahl zu -i bzw. -i. In der weiblichen Form dieser Eigenschaftswörter wird die Endung durch -i bzw. -i ersetzt. In der gebeugten Form der Einzahl und der ungebeugten Form der Mehrzahl bleibt das unbetonte -i erhalten, während sich das betonte -i jeweils zu -əy verwandelt. Die gebeugten Formen der Mehrzahl zeigen zusätzlich noch das Element -o-, das wir schon von den Hauptwörtern her kennen: -iyo bzw. -əyo.

kutschnay saṛay
kleiner Mann
kleiner Mann

kutschni chədza
kleine Frau
kleine Frau

də nəwi saṛi
von neuer Mann(g.)
des neuen Mannes

də nəwiyo koṭo cəcha
von neue Zimmer(g.) heraus
aus den neuen Zimmern

Hier noch einmal eine Tabelle zum besseren Verständnis und zur Übersicht:

Endung (*m*)	Ez. (*m/w*)	Ez. gebeugt (*m/w*)	Mz. (*m/w*)	Mz. gebeugt (*m/w*)
Mitlaut, -oy	**muhim, loy / muhima, loya**	**muhim, loy / muhime, loye**	**muhim, loy / muhime, loye**	**muhimo, loyo / muhimo, loyo**
-ay	**kutschnay / kutschni**	**kutschni / kutschnəy**	**kutschni / kutschnəy**	**kutschniyo / kutschnəyo**
-ay	**nəway / nəwi**	**nəwi / nəwi**	**nəwi / nəwi**	**nəwiyo / nəwiyo**
Vokal betont	**pakistāni**	*unverändert*	*unverändert*	*unverändert*

Eigenschaftswörter

Um Ableitungen von Hauptwörtern zu bilden, kann an diese ein -i̲ (betont) angefügt werden. Dies entspricht z. B. der deutschen Endung -lich / -isch. Auch viele Ableitungen von Orts- und Ländernamen bildet man so.

ilm — **ilmi̲**
Wissenschaft — wissenschaftlich
rang — **rangi̲**
Farbe — farbig
pākistā̲n — **pākistāni̲**
Pakistan — pakistanisch, Pakistaner
ālmā̲n (A) — **ālmāni̲**
Deutschland — deutsch, der Deutsche

Es existieren einige Eigenschaftswörter, bei denen sich der Wortstamm verändert, wenn dazu die weibliche Variante oder aber eine gebeugte Form gebildet werden soll. Da einige von ihnen sehr gebräuchlich sind, müssen sie hier erwähnt werden. Sie sind in den folgenden Listen mit einem * gekennzeichnet:

	Ez. *(m)*	**Mz. / Ez. g.**	**Ez.** *(w)*	**Mz. / Ez. g.**	**Mz. g.**
alt	**zoṛ**	**zāṛə̲**	**zaṛa̲**	**zaṛe̲**	**zaṛe̲**
blau / grün	**schin**	**schnə**	**schna**	**schne**	**schno**
kalt	**soṛ**	**sāṛə̲**	**saṛa̲**	**saṛe̲**	**saṛo̲**
rot	**sur**	**srə**	**sra**	**sre**	**sro**
satt	**moṛ**	**māṛə̲**	**māṛa̲**	**māṛe̲**	**maṛo̲**
sauer	**trich**	**tərchə̲**	**tərcha̲**	**tərche̲**	**tərcho̲**
schwer	**drund**	**drānə̲**	**drana̲**	**drane̲**	**drano̲**
süß	**chog**	**chwāgə̲**	**chwaga̲**	**chwage̲**	**chwago̲**
tot	**məṛ**	**mṛə**	**mṛa**	**mṛe**	**mṛo**

wichtige Eigenschaftswörter

chə	gut	**bad**	schlecht
loy	groß	**kutschnay**	klein
zoṛ*	alt	**dzwān**	jung
		nəway	neu
garm	warm	**soṛ* / yach**	kalt
negde	nah	**liri**	fern
chāysta	schön	**badrang**	hässlich
chog*	süß	**trich***	sauer
bimār	krank	**roġ**	gesund
moṛ*	satt	**wəgay**	hungrig
chafa	verärgert	**rāzi**	zufrieden
grān	teuer	**arzān**	billig
schtaman	reich	**ġarib**	arm
qawi	stark	**sa'if**	schwach
sāda	einfach	**muschkil**	kompliziert
drund*	schwer	**spək**	leicht
por	voll	**chāli**	leer
pāk	sauber, rein	**nāpāk**	schmutzig, unrein
tez	schnell	**āhista**	langsam

Farben

tor	schwarz	**spin**	weiß
schin*	blau, grün	**ābi** (*wasserfarben*)	blau
žeṛ	gelb	**sur***	rot
naswāri	braun (*tabakfarben*)		
jaurang	einfarbig	**rangarang**	bunt

Steigern & Vergleichen

Es gibt im Paschto keine Steigerung die durch die Veränderung von Formen des Eigenschaftswortes wie „groß – größer – am größten“ ausgedrückt wird. Vielmehr werden Vergleiche durch eine reine Satzkonstruktion bewerkstelligt, und zwar nach dem Muster: *„dies von jenem aus groß ist“*.

ac̱ak lə zmaryāli̱ na loy dəy.
Acak von Zmaryalay(gebeugt) aus groß ist(m)
Acak ist größer als Zmaryalay.

lə de na grān dəy
von diesem(gebeugt) aus teuer ist(m)
teurer als dies

Sagt man *„von allen ... aus“*, kommt man so bereits einem Superlativ nahe:

lə ṭolo̱ kamizu̱no na loy
von alle(gebeugt) Hemden(gebeugt) aus groß
größer als alle (anderen) Hemden

Steht nach „alle“ kein spezifisches Hauptwort, ist der Satz eindeutig als Superlativ zu verstehen:

Malāle̱y lə ṭolo̱ na lo̱ya da.
Malaley von alle aus groß(w) ist(w)
Malaley ist die Größte.

Das Hilfsverb „sein“

Eine ungebeugte Form von „sein“ ist im Paschto nicht gebräuchlich. Dafür aber umso mehr die gebeugten Formen. Sie sind die Grundbausteine einer Konversation, und mit ihrer Hilfe lassen sich viele grammatische Formen bilden.

zə yəm	ich bin	**mung yu**	wir sind
tə ye	du bist	**tāsu yāst**	ihr seid /
		(oder **yəy***)*	Sie sind
day dəy	er ist	**duy di**	sie sind
dā da	sie ist		

zə dschərmanáy / dschərmanéy yəm.
ich deutsch(m/w) bin
Ich bin Deutscher / Deutsche.

tə təgay / tegəy ye?
du durstig(m/w) bist
Bist du durstig?

Das Hilfsverb „sein“ und das Subjekt (der Satzgegenstand) bilden einen Rahmen um alle anderen Satzglieder, d. h. die Formen von „sein“ stehen im Satz an letzter Stelle (wie auch alle anderen Verben).

„Sitzen” und „stehen” werden ebenfalls mit Hilfe von „Eigenschaftswörtern“ ausgedrückt:

zə nāst / nāsta yəm.
ich sitzend(m/w) bin
Ich sitze.

tə walāṛ / walāṛa ye.
du stehend(m/w) bist
Du stehst.

Eine Besonderheit bietet das Demonstrativpronomen dā. Hier kann man es mit „dieser, -e,

-es“ oder aber einfach mit „das“ übersetzen. Es wird kombiniert mit der Hilfsverbform dəy (männliches Hauptwort) bzw. da (weiblich):

dā kor dəy.
das Haus(m) ist
Das ist das Haus.

dā koṭa da.
das Zimmer(w) ist
Das ist das Zimmer.

Ebenso wichtig wie „sein“ ist „nicht sein“, „nicht existieren“, „nicht vorhanden sein“. Hier wird jeweils das Verneinungswort nə vor die Form von „sein“ gesetzt.

acāk pākistānay nə dəy, day afġān dəy.
Acak Pakistani nicht ist er Afghane ist
Acak ist kein Pakistaner, er ist Afghane.

dā lār sama nə da.
dieser Weg(w) richtig nicht ist
Dieser Weg ist falsch.

Für das bloße Vorhandensein eines Dinges verwendet man das Wort schta. Im Deutschen sagt man dann „es gibt“ bzw. „existieren“. Die Verneinung dazu lautet nəschta:

obə schta.
Wasser existiert
Gibt es Wasser?

obə nəschta.
Wasser nicht-existiert
Es gibt kein Wasser.

paṭa nəschta.
Adresse nicht-existiert
Keine Ahnung. / Weiß ich nicht.

Tätigkeitswörter

Dieser Kauderwelsch-Band bietet nur Raum für einige grundsätzliche Bemerkungen zum System der Tätigkeitswörter (Verben) im Paschto. Auf Erklärungen zum Aspektsystem des Paschto-Verbs und auf eine ausführliche Beschreibung der Zeiten ist bewusst verzichtet worden. Trotzdem ist es möglich, mit dem hier Aufgeführten eine einfache Unterhaltung zu führen. Interessenten verweise ich auf die im Anhang genannte Literatur.

Wichtig für das Verständnis der Paschto-Verben ist, dass jedes Verb zwei Stämme hat: einen für die Gegenwart und einen für die Vergangenheit. Diese Stämme sind oft sehr unterschiedlich, deshalb stehen in der Wörterliste die ungebeugte Verbform sowie die jeweiligen Stämme. Weiter ist es wichtig zu wissen, ob ein Paschto-Verb „transitiv“ oder „intransitiv“ ist. Transitiv bedeutet verkürzt, dass das Verbs ein direktes Objekt erfordert (weil die Handlung, die es bezeichnet, auf ein solches Objekt als Ziel gerichtet ist). Im deutschen Satz „*Ich sehe die Frau*“ ist „die Frau” das direkte Objekt. Das Verb „sehen“ ist demnach im Deutschen wie im Paschto transitiv, während ein Verb wie „gehen” intransitiv (nicht transitiv) ist. Leider stimmt die Zuordnung der Kategorien zwischen den beiden Sprachen mitunter nicht überein.

einige wichtige Verben

In dieser Tabelle ist die Grundform (Infinitiv) meist gleich dem Stamm der Vergangenheit.

	Grundform	Stamm der Gegenwart
anhalten	**daredəl**	**dareg-**
anschauen	**katəl**	**gor-**
anziehen	**āġustəl**	**āġund-**
bauen	**dschoṛawəl**	**dschoraw-**
bitten, wollen	**ġuchtəl**	**ġwār-**
bringen	**wṛəl**	**wṛ-**
einladen, rufen	**baləl**	**bol-**
essen	**chwaṛəl**	**chor**
geben	**warkawəl**	**warkaw-**
gehen, fahren	**tləl**	**dz-**
haben	**larəl**	**lar-**
hören	**āuredəl**	**āur-**
kaufen	**āchistəl**	**āchl-**
kochen	**pachawəl**	**pachaw-**
kommen	**rāġləl**	**rādz-**
lachen	**chandəl**	**chānd-**
legen	**ichodəl**	**gd-**
lesen	**lwastəl**	**lwāl-**
machen	**kawəl**	**kaw-**
nehmen	**āchistəl, niwəl**	**āchl-, nis-**
pflanzen, säen	**karəl**	**kar-**
öffnen	**chlasawəl**	**chlasaw-**
sagen	**wayəl**	**wāy-**
schicken	**legəl**	**leg-**
schlagen	**wahəl**	**wah-**
schließen	**bandawəl**	**bandaw-**
schreiben	**likəl**	**lik-**
sehen, besuchen	**lidəl**	**win-**

sterben	**mṛəl**	**mṛ-**
tanzen	**nacəl**	**nāc-**
trinken	**tschəchəl**	**tschəch-**
verkaufen	**charcawəl**	**charcaw-**
verstehen	**pohedəl**	**poheg-**
waschen	**mindzəl**	**mindz-**
werden	**kedəl**	**keg-**
werfen	**atschawəl**	**atschaw-**
wohnen	**osedəl**	**oseg-**
zählen	**schmerəl**	**schmer-**
zeigen	**chodəl**	**chey-**
zustimmen	**manəl**	**man-**

Vielen deutschen Verben entsprechen im Paschto zusammengesetzte Verbausdrücke. Meist verbindet man dabei das Verb „machen“, aber auch Verben wie „werden“, „schlagen“”, „essen“, „haben“ u. a. mit Hauptwörtern und Eigenschaftswörtern:

dzawāb warkawel	**dzawāb warkaw-**
Antwort hingeben	antworten
kār kawəl	**kār kaw-**
Arbeit machen	arbeiten
istirāhat kawəl	**istirāhat kaw-**
Erholung machen	sich ausruhen
taschakur / **schukriya** (*P*) **wayəl**	**taschakur** / **schukriya wāy-**
Dank sagen	sich bedanken
amr warkawəl	**amr warkaw-**
Befehl hingeben	befehlen
estefāda kawəl	**estefāda kaw-**
Gebrauch machen	benutzen

Tätigkeitswörter

sipārəcht kawəl *Bestellung machen*	**sipārəcht kaw-** bestellen
lmundz / namāz kawəl *Gebet machen*	**lmundz / namāz kaw-** beten
payse warkawəl *Geld hingeben*	**payse warkaw-** bezahlen
fekr kawəl *Gedanke machen*	**fekr kaw-** denken
bachəna ġuchtəl *Verzeihung wünschen*	**bachəna ġwār-** entschuldigen
ma'alumāt warkawəl *Informationen hingeben*	**ma'alumāt warkaw-** erklären
paydā kawəl *ausfindig machen*	**paydā kaw-** finden
aks / foto (*P*) **niwəl** *Foto nehmen*	**aks / foto nis-** fotografieren
puchtəna kawəl *Frage machen*	**puchtəna kaw-** fragen
wira larəl *Furcht haben*	**wira lar-** sich fürchten
tabrik wayəl *Glückwunsch sagen*	**tabrik wāy-** gratulieren
wādə kawəl *Heirat machen*	**wādə kaw-** heiraten
mrəsta kawəl *Hilfe machen*	**mrəsta kaw-** helfen
dschang kawəl *Krieg machen*	**dschang kaw-** kämpfen
mənda wahəl *Lauf schlagen*	**mənda wah-** laufen
mina larəl *Liebe haben*	**mina lar-** lieben

sigrət cəkawəl *Zigarette ziehen*	**sigrət cəkaw-** rauchen
safar kawəl *Reise machen*	**safar kaw-** reisen
pāk kawəl *sauber machen*	**pāk kaw-** säubern
chob kawəl *Schlaf machen*	**chob kaw-** schlafen
ġlā kawəl *Diebstahl machen*	**ġlā kaw-** stehlen
tilfun kawəl *Telefon machen*	**tilfun kaw-** telefonieren
intizār istəl *Warten ziehen*	**intizār bās-** warten

Gerade in der Umgangssprache wird kawəl oft mit Wörtern aus dem Englischen, sowie in der Schriftsprache mit Wörtern aus dem Arabischen und dem Persischen verwendet. Die Verbindungen mit englischen Wörtern können einem manchmal gerade in Pakistan aus der Klemme helfen:

bukin kawəl buchen	**post kawəl** auf der Post aufgeben

Gegenwart

Sehen wir uns zunächst die Gegenwart an. Hier muss uns die Trennung in Verben mit direktem Objekt (transitiv) und ohne direktes Objekt (intransitiv) noch nicht interessieren: An den Stamm für die Gegenwart werden die

Personalendungen des Verbes, die wir auch schon von den Formen des Hilfsverbs „sein" kennen, angefügt. Hier noch einmal die Endungen im Überblick:

	Ez	Mz
1. Person	**-əm**	**-u**
2. Person	**-e**	**-əy**
3. Person *(m/w)*	**-i**	**-i**

Beispiel: tləl „gehen", Gegenwartsstamm: dz-

zə dzəm	ich gehe	**mung dzu**	wir gehen
tə dze	du gehst	**tāsu dzəy**	ihr geht / Sie gehen
day / dā dzi	er / sie geht	**duy dzi**	sie gehen

Bei den zusammengesetzten Verben wird immer nur das Verb gebeugt. Im nachfolgenden Beispiel ist das Verb kawəl (Gegenwartsstamm: kaw-). So sieht die Beugung von fekr kawəl (denken = *Gedanke machen*) aus:

zə fekr kawəm	ich denke
tə fekr kawe	du denkst
day fekr kawi	er denkt
da fekr kawi	sie denkt
mung fekr kawu	wir denken
tāsu fekr kawəy	ihr denkt / Sie denken
duy fekr kawi	sie denken

Die Betonung liegt auf der Personalendung, wenn nicht der Vokal des Stammes betont ist.

Sie werden oft hören, dass in der Gegenwart das persönliche Fürwort für den Satzgegenstand (Subjekt) weggelassen wird. Das ist möglich, weil in der Verbform bzw. im Kontext die nötige Information enthalten ist:

ḍoḍə̲y ā̲chləm.
Brot (ich-)nehme
Ich nehme / kaufe Brot.

stā̲su sara nə dzəm.
von-euch mit nicht (ich-)gehe
Ich gehe nicht mit Ihnen.

Zukunft

Die Zukunftszeit lässt sich einfach bilden. Man setzt das kleine Wort ba direkt hinter das Subjekt. So wird aus einem Satz in der Gegenwart eine Aussage über die Zukunft. ba, das keine eigene Wortbedeutung hat, bleibt dabei unverändert:

zə kor ta dzəm.
ich Haus zu gehe
Ich gehe nach Hause.

zə ba kor ta dzəm.
ich (Zuk.) Haus zu gehe
Ich werde nach Hause gehen.

zə ḍoḍə̲y ā̲chləm.
ich Brot nehme
Ich nehme / kaufe Brot.

zə ba ḍoḍə̲y ā̲chləm.
ich (Zuk.) Brot nehme
Ich werde Brot nehmen / kaufen.

Konjunktiv

Wollen Sie ausdrücken, dass Sie etwas tun möchten oder müssen so benötigen Sie den Konjunktiv für das zweite (das abhängige) Verb. Der Konjunktiv wird gebildet, indem die Silbe wu̲- vor die Verbform der Gegenwart gesetzt wird. Das Verb stimmt in Zahl und Person mit dem Satzgegenstand überein.

zə ġwā̲ṛəm chat wu̲likəm.
ich wünsche Brief (Konj.)-(ich-)schreibe
Ich möchte einen Brief schreiben.

Einige wichtige Verben sind unregelmäßig, da sich bei ihnen die Grundform verändert:

machen	**wukṛ-** + *Personalendung*
sein / werden	**sch-** + *Personalendung*
gehen	**lāṛ sch-** + *Personalendung*
kommen	**rā̲sch-** + *Personalendung*

zə ġwā̲ṛəm tilfu̲n wu̲kṛəm.
ich wünsche Telefon (Konj.)-(ich-)mache
Ich will telefonieren.

day ġwā̲ṛi tsche rā̲schəm.
er wünscht dass (Konj.-)(ich-)komme
Er möchte, dass ich komme.

Der Konjunktiv wird auch noch in anderen Konstruktionen verwendet. Um „müssen" auszudrücken, setzt man hinter die Person das unveränderliche Wort bāyad, wiederum gefolgt vom Verb im Konjunktiv:

zə bāyad lāṛ schəm.
ich müssen gehend (Konj.)-(ich-)werde
Ich muss gehen.

dā bāyad Karatschā ta dschahāz wukṛi.
sie müssen Karatschi nach Flug (Konj.)-(sie-)macht
Sie muss nach Karatschi fliegen.

Auch „wahrscheinlich" wird mit dem Konjunktiv ausgedrückt. Hierzu verwendet man das unveränderliche Wort schāyad:

dā bas schāyad Kandahār ta lāṛ schi.
dies Bus wahrscheinlich Kandahar nach gehend (Konj.)-(er-)wird
Dieser Bus geht wahrscheinlich nach Kandahar.

Die Verneinung einer Konjunktiv-Konstruktion erfolgt, indem das Verneinungswort nə *unmittelbar vor „wollen", „müssen" usw. eingefügt wird.*

Können

Etwas schwieriger ist es, eine Fähigkeit oder Unfähigkeit auszudrücken. Dazu benutzt das Paschto eine besondere Konstruktion: An die Grundform des Verbes wird -āy (wirklich lang sprechen!) angefügt. Darauf folgt eine personengebeugte von Form von schwəl (werden), Gegenwartsstamm sch-:

zə pə pachto chaberi kawəlāy schəm.
ich in Paschto Worte(Mz) machen-können werde
Ich kann Paschto sprechen.

Für die Verneinung der „können"-Konstruktion wird nə vor die personengebeugte Form von schwəl gestellt:

zmung ānā tlāy nə schi.
von-wir Großmutter gehen-können nicht wird
Unsere Großmutter kann nicht gehen.

Auffordern & Befehlen

Wie im Deutschen existiert auch im Paschto die Befehlsform in einer Einzahl- und einer Mehrzahl-Variante. Die Mehrzahlform wird sowohl für die Anrede mehrerer Personen als auch für die formelle, höfliche Anrede von Einzelnen verwendet. Anders als im Deutschen ist die Einzahl im Paschto nicht unbedingt ein Zeichen für Unhöflichkeit oder besondere Vertrautheit. Sie wird auch von Älteren gegenüber ihnen unbekannten Jüngeren verwendet. Unter Gleichaltrigen ist sie die übliche Form.

Die Befehlsformen werden gebildet, indem man an den Gegenwartsstamm für die Einzahl -a und für die Mehrzahl -əy anfügt. Oft wird noch wu- vor die Befehlsform gestellt. Diese Silbe zieht die Betonung auf sich.

mā ta rāscha.
mir zu (du-)komm!
Komm her!

tāsu ḍoḍəy wuchorəy
ihr Brot (ihr-)esst!
Essen Sie! / Greifen Sie zu!

Die Verneinung erfolgt durch das im Satz betonte Wort ma:

dā ma kawa!
dies nicht (du-)mache!
Mach das nicht! / Lass das!

Die rätselhafte Vergangenheit

zə wəm	ich war	**mung wuu**	wir waren
tə we	du warst	**tāsu wəy**	ihr wart / Sie waren
day wu	er war	**duy wuu**	sie (*m*) waren
dā wa	sie war	**duy we**	sie (*w*) waren

Hier zunächst einmal die Vergangenheitsformen von „sein".

Der entscheidende Unterschied zum Deutschen ist, dass in der Vergangenheit eine unterschiedliche Satzstruktur bei transitiven und intransitiven Verben vorliegt. Das intransitive Muster ist uns vertraut: An den Stamm des Verbs (hier: Vergangenheitsstamm, meist gleich der Grundform) werden die Personalendungen angehängt. Unterschiede gibt es jedoch in der 3. Person:

In der 3. Person Einzahl männlich wird die Endung der Grundform -əl durch -ə ersetzt.

Für die 3. Person Einzahl weiblich wird die Endung -a angefügt.

Die 3. Person Mehrzahl zeigt für beide Geschlechter die Grundform ohne zusätzliche Endung.

Hier einmal alle Formen anhand des Beispiels osedə̲l „wohnen, leben“:

zə osedə̲ləm	ich wohnte
tə osedə̲le	du wohntest
day osedə̲	er wohnte
dā osedə̲la	sie wohnte
mung osedə̲lu	wir wohnten
tā̲su osedə̲ləy	ihr wohntet / Sie wohnten
duy osedə̲l	sie wohnten

zə kor ta tlə̲ləm
ich Haus zu (ich-)ging
Ich ging zum Haus.

moṭa̲r daredə̲
Auto (es-)anhielt
Das Auto hielt an.

Anders sieht die Vergangenheit bei den transitiven Verben aus. Die Form des Verbs ist zwar wie die der intransitiven Verben. Aber seine Beugung richtet sich am Objekt aus. Das Verb stimmt also mit diesem in Geschlecht, Zahl und Person überein und zeigt so an, auf wen oder was die Handlung abzielt.

Das Subjekt hat dagegen auf die Form des Verbs keinen Einfluss. Es steht so auch nicht im ungebeugten, sondern im gebeugten Fall:

Für die Wort-für-Wort-Übersetzung wurde eine Form gewählt, die wie ein Passiv klingt. Von den Sprechern wird sie aber nicht als ein solches aufgefasst.

saṛi̲ chə̲dza lidə̲la.
Mann(gebeugt) Frau war-gesehene(w)
Der Mann sah die Frau.

chə̲dzo saṛa̲y lidə̲.
Frauen(gebeugt) Mann war-gesehener(m)
Die Frauen sahen den Mann.

spi zə chwaṛə̱ləm.
Hund(gebeugt) ich bin-gebissene(r)
Der Hund biss mich.

mā ḍodə̱y chwaṛə̱la.
ich(gebeugt) Brot(w) ist-gegessene(w)
Ich aß Brot.

Das Fürwort der 1. Person kann sich hier gleichermaßen auf einen Mann oder eine Frau beziehen.

Die zusammengesetzten Verben werden generell als transitiv aufgefasst. In der Vergangenheit richtet sich dann die Verbform nach dem Hauptwort, das der substantivische Bestandteil des zusammengesetzten Verbs ist (und eben nicht nach der handelnden Person).

mā kār kawə̱.
ich(gebeugt) Arbeit(m) ist-gemachter(m)
Ich arbeitete.

Aspekte

Auf die Aspekte des Paschto-Verbs können wir hier nicht im Detail eingehen. Es sei nur kurz erwähnt, dass es in der Vergangenheit einen unvollendeten Aspekt (die Tätigkeit fand mehrfach statt oder ist noch nicht abgeschlossen) und einen vollendeten Aspekt (die Tätigkeit fand einmalig statt oder ist abgeschlossen) gibt. Die oben angeführten Beispiele stehen im unvollendeten Aspekt. Für den vollendeten Aspekt stellt man vor diese Formen noch ein wu̱-. Bei einigen Verben erfordert der vollendete Aspekt eine Formänderung wie in wukṛ „machen" oder wlār „gehen".

tā cə kār kawa̱?
du(gebeugt) welche Arbeit(m) ist-getaner
Was hast du gemacht?

a̱ya də lə poli̱s cəcha̱ puchta̱na wu̱kṛa?
ob er(geb.) von Polizei heraus Frage ist-gemachte
Hat er bei der Polizei gefragt?

mā Pechāwa̱r ta ṭikə̱t wā̱chist.
ich(geb.) Peschawar nach Fahrkarte ist-gekaufter
Ich habe eine Fahrkarte nach Peschawar gekauft.

schukriya̱, *(A)* **mā ḍoḍə̱y wu̱chwaṛəla.**
danke ich(geb.) Brot(w) ist-gegessene(w)
Danke, ich habe bereits gegessen.

taschaku̱r, *(A)* **mā tschāy wu̱tschəchə.**
danke ich(geb.) Tee ist-getrunkener
Danke, ich habe bereits Tee getrunken.

An dieser Stelle sollen nun noch einige Regeln des Satzbaus genannt werden:
- das Verb bzw. Prädikat steht ganz am Ende des Satzes;
- wenn die Verbform eindeutige Auskunft über die handelnde Person gibt, wird das Subjekt häufig weggelassen;
- die Verneinung (im Aussagesatz nə, im Befehlssatz ma) steht unmittelbar vor dem Prädikat.

Fragen

Fragen stellt man, indem man die Betonung jeweils auf den Satzteil liegt, nach dem gefragt wird. Die Stimme wird dabei leicht angehoben. Oft wird dabei dieser Satzteil innerhalb des Satzes in Richtung Satzanfang verschoben. Die übrigen Satzteile werden in einer gleichbleibenden Intonation gesprochen.

Ergänzungsfragen

Die wichtigsten Fragewörter sind:

cok	wer	**tscherta**	wo
cə	was	**kəla**	wann
wali	warum	**cənga**	wie
pə co, **comra**	wie viel	**kom**	welcher

cok *hat wie ein Haupt- bzw. Fürwort eine gebeugte Form:* tschā. *Mit ihr lassen sich Fragen bilden wie:* tschā ta *„zu wem"*, də tschā *„wessen"*, lə tschā na *„von wem" usw.*

Andere Fragen werden als Wendung formuliert:

kom dzāy ta
welcher Ort zu
wohin

lə kom wacht na
von welche Zeit her
seit wann

lə kom dzāy na
von welcher Ort her
woher

kom wacht ta
welche Zeit zu
bis wann

cok payse āchli?
wer Geld(Mz) nimmt
Wer nimmt das Geld?

payse cok āchli?
Geld(Mz) wer nimmt
Das Geld, wer nimmt es?

dā cə schay dəy?
dies was Ding ist
Was ist das?

ta̱su cok jāst?
ihr wer seid
Wer sind Sie?

dā pə co dəy?
dies in wie-viel ist
Wie viel kostet das?

dā də tschā dəy?
dies von wer(geb.) ist
Wem gehört das?

də Pechāwa̱r dschahā̱z kə̱la dzi?
von Peschawar Flug wann geht
Wann geht der Flug nach Peschawar?

Entscheidungsfragen

Fragen, auf die als Antwort Ja oder Nein erwartet wird, beginnen oft mit dem dem Wort ā̱ya „ob“:

ā̱ya tə lwastəlā̱y sche?
ob du lesen-können wirst
Kannst du lesen?

Die Bejahung lautet dann ho, in Pakistan oft dschi, in Afghanistan auch oft ba̱le:

ho / dschi / ba̱le, (zə) lwastəlā̱y schəm.
ja lesen-können werde
Ja, ich kann lesen.

Für die Verneinung der Frage sagt man ya oder nə gebraucht. Zusätzlich steht nochmals nə unmittelbar vor dem Verb:

āya dā lār pežāne?
ob dieser Weg du-kennst
Kennst du diesen Weg?

ya / nə, dā lār nə pežānəm.
nein diesen Weg nicht ich-kenne
Nein, ich kenne diesen Weg nicht.

Zahlen

Die Grundzahlen von eins bis zehn werden in Afghanistan und Pakistan gleichermaßen gebraucht. Während aber in Afghanistan auch bei größeren Zahlen noch der Gebrauch des einheimischen Zahlensystems üblich ist, werden in Pakistan meist die Urdu- oder die englischen Zahlen verwendet.

Da das Urdu-Zahlensystem sehr unregelmäßig und deshalb sehr schwer zu merken ist, gebe ich nur die Zehner und Hunderter an.

Für Pakistan empfehle ich den Gebrauch der englischen Zahlen. Diese werden dort mindestens so häufig wie die Urdu-Zahlen benutzt.

1	**yau (yawa** *w***)**	11	**yauwolas**
2	**dwa (dwe** *w***)**	12	**dwolas**
3	**dre**	13	**dyarlas**
4	**calor**	14	**cwarlas**
5	**pindzə**	15	**pindzəlas**
6	**schpag**	16	**schpārlas**
7	**owə**	17	**owəlas**
8	**ātə**	18	**atəlas**
9	**nuh**	19	**nulas**
10	**las**	20	**schəl**

30	**dersch**	40	**calwəcht**
50	**pindzos**	60	**schpetə**
70	**āwyā**	80	**ātyā**
90	**nəwi**	100	**(yau) səl**
		1000	**(yau) zər**

ab 200 folgt **sawa**: **dwa sawa**, **dre sawa** ...
ab 2000 folgt **zəra**: **dwa zəra**, **dre zəra** ...

Wie zu sehen ist, stehen die Einer bei den zusammengesetzten Zahlen vor den Zehnern. Die Zwanziger-Reihe ist etwas gewöhnungsbedürftig:

21	**yauwischt**
22	**dwawischt**
23	**derwischt**
24	**calərwischt**

und dann weiter ohne Ausnahmen:

55	**pindzəpindzos**
73	**dreāwiyā**

Bei Zahlen über Hundert wird wie im Deutschen verfahren:

dwa sawa ātədersch 238
zwei Hundert acht-dreißig

pindzə zəra owə sawa las 5710
fünf Tausend sieben Hundert zehn

Die wichtigsten Urduzahlen

1	**ek**	10	**das**	100	**ek sau**
2	**do**	20	**biis**	200	**du sau**
3	**tiin**	30	**tiis**	...	...
4	**tschār**	40	**tschālii̲s**		
5	**pāntsch**	50	**patschā̲s**	1000	**ek hazā̲r**
6	**tscheh**	60	**sāṭh**	2000	**do hazā̲r**
7	**sāt**	70	**sa̲ttar**	...	...
8	**āṭh**	80	**a̲ssii**		
9	**nau**	90	**na̲ve**		

Üblich sind, vor allem beim Einkaufen, solche zahlenähnliche Begriffe wie da̲rdschən *„Dutzend" /* nim da̲rdschən *„halbes Dutzend". Gebräuchlich sind auch folgende große Zahlen:* lakh *– 100.000,* pi̲nzə la̲ka *– 500.000,* kroṛ *– 10.000.000.*

© Christoph Kraul

Richtung Hindukusch

Ordnungszahlen

Die Ordnungszahlen sind wichtig für Datumsangaben. Unregelmäßig ist hier nur die Eins: lumṛay (der erste), lumṛəy (die erste). Für alle anderen Ordnungszahlen wird an die Grundzahl die Endung -əm für männliche und -əma für weibliche Formen angefügt:

pindzəm steschən
die fünfte Station

dre sawa ātəderschəma kamra
das dreihundertachtunddreißigste Zimmer, Zimmer 338

Mondlandschaft im Baba-Gebirge

Kalender, Uhr- & Tageszeit

wradz (*w*)	Tag	**hafta**	Woche
myāscht (*w*)	Monat	**kāl**	Jahr
neta, tārāch	Datum		

parun	gestern	**bəl parun**	vorgestern
nən	heute		
sabā	morgen	**bəl sabā**	übermorgen

Die pakistanischen Paschtunen verwenden die Urdu-Namen der Wochentage. Sie lauten:

hafta (*auch* **sanitschār**)	Sonnabend
itwār	Sonntag
piir (*auch* **somwār**)	Montag
mangal	Dienstag
budh	Mittwoch
dschum'erāt	Donnerstag
dschum'a	Freitag

Die neue Woche beginnt am Sonnabend und endet am Freitag, dem Tag des gemeinsamen Gebets. Das „Wochenende", das sich meist aber nur in der Schließzeit von Behörden ausdrückt, beginnt Donnerstag Mittag.

Die Bezeichnung der Wochentage, die die afghanischen Paschtunen verwenden, stammen dagegen aus dem Persischen:

schamba	Sonnabend
yakschamba	Sonntag
duschamba	Montag
seschamba	Dienstag
tschārschamba	Mittwoch
pandschschamba	Donnerstag
dschum'a	Freitag

də mangal pə wrādz (*P*)
von Dienstag in Tag
am Dienstag

də duschamba pə wradz (*A*)
von Montag in Tag
am Montag

tera hafta
vergangene(w) Woche
vergangene Woche

pə ratlunki hafte ki
in kommend Woche drinnen
in der kommenden Woche

Der gregorianische Kalender ist für uns am leichtesten zu handhaben. Es werden die Monatsnamen und Jahreszahlen in Englisch (wenngleich auch in einer anderen Schrift) benutzt.

Wenn Sie in Pakistan oder Afghanistan einen Kalender kaufen, werden Sie erstaunt sein, zwei, mitunter auch sogar drei Daten für einen Tag zu finden. Es werden benutzt:
- der gregorianische Kalender in Pakistan (d. h. unser gewohnter westlicher Kalender),
- der traditionelle iranische Sonnenkalender in Afghanistan,
- der islamische Mondkalender in beiden Ländern.

Die afghanischen Paschtunen verwenden den iranischen Sonnenkalender, der hidschrā schamsi genannt wird. Die Jahreszahl bezieht sich auf den Zeitpunkt, als der Prophet Mohammad von Mekka nach Medina auszog.

Dieses Ereignis fand nach unserer Zeitrechnung im Jahre 621 statt. Nehmen Sie für die Umrechnung eines Datums unsere Jahreszahl, ziehen sie in den Monaten Januar bis April 622 Jahre und in den übrigen Monaten 621 Jahre ab, und sie erhalten die Jahreszahl des iranischen Sonnenkalenders. Das Jahr beginnt am 21. März mit dem Neujahrsfest nauruz. Die Monate reichen demzufolge jeweils bis zum 20. des nachfolgenden Monats nach gregorianischer Zeitrechnung. Sie tragen die arabischen Namen der Tierkreiszeichen. Es gibt Paschtunen, die dafür auch Paschto-Namen (d. h. die jeweilige Übersetzung) verwenden. Darauf gehe ich aber nicht weiter ein, weil es in der Praxis keine Rolle spielt:

21.03.-20.04.	**hamal**	Widder
21.04.-20.05.	**saur**	Stier
21.05.-20.06.	**dschauzā**	Zwillinge
21.06.-20.07.	**saratān**	Krebs
21.07.-20.08.	**asad**	Löwe
21.08.-20.09.	**sumbula**	Jungfrau
21.09.-20.10.	**mizān**	Waage
21.10.-20.11.	**aqrab**	Skorpion
21.11.-20.12.	**qaus**	Schütze
21.12.-20.01.	**dschadi**	Steinbock
21.01.-20.02.	**dalwa**	Wassermann
21.02.-20.03.	**hut**	Fische

nən koma neṭa da?
heute welche Datum ist(w)
Welches Datum ist heute?

Der dritte Kalender, der sowohl im Leben Afghanistans, als auch Pakistans eine Rolle spielt, ist der islamische Mondkalender, hidschrā qamari *genannt. Durch ihn werden die religiösen Riten der Muslime bestimmt. Da ein Mondjahr kürzer ist als ein Sonnenjahr, beginnt jedes Jahr dieses Kalenders im Vergleich zu den anderen beiden in Afghanistan und Pakistan üblichen ca. 10 Tage früher. Dies hat zum Beispiel zur Folge, dass der Fastenmonat und auch die anderen religiösen Feiertage durch alle Jahreszeiten wandern. Dieser Kalender hat arabische Namen für Wochentage, Monate und eine wieder andere Jahreszahl. Diese werden aber hier nicht aufgeführt.*

Reisende sollten diese Zusammenhänge kennen, da sie u. a. für die Reiseplanung wichtig sind. Sie erkennen die Kalender bzw. die Jahreszahlen an einem Buchstaben, der hinter der Jahreszahl steht. Beim Sonnenkalender ist es ein h. sch. *für* hidschri schamsi, *beim Mondkalender ist es ein* h. q. *für* hidschri qamari.

nən də februari owəma neta da.
heute von Februar siebtes Datum ist(w)
Heute ist der 7. Februar.

zə də mārtsch pə atəwischtəma neta zegedəlay / zegedəli yəm.
ich von März in achtundzwanzigste Datum geboren(m/w) bin
Ich bin am 28. März geboren.

zə dersch kalan / kalana yəm.
ich dreißig jähriger / jährige bin
Ich bin 30 Jahre alt.

Uhrzeit / Tageszeit

wacht	Zeit
schpa	Nacht
sa'at *(A)* / **gari** *(P)*	Stunde, Uhr
nima schpa	Mitternacht
daqiqa *(A)* / **minit** *(P)*	Minute
ahista / **wro-wro**	langsam
saniya *(A)* / **sekənd** *(P)*	Sekunde
tez	schnell
sahar / **subah**	morgens
nāwacht *(A)* / **der** *(P)*	verspätet
ġarma / **dupeher** *(P)*	mittags
os	jetzt
schām	abends

co badsche di ?
wie-viel geschlagene sind
Wie viel Uhr ist es?

os dre badsche di.
jetzt drei geschlagene sind
Es ist jetzt drei Uhr.

In der Umgangssprache kann das badsche auch weggelassen werden. Um die halbe bzw. die Viertelstunde anzugeben, verwendet man nim (halb) und pau (viertel). Die halbe Stunde wird aufgeschlagen, Viertelstunden werden nach dem Muster „viertel weniger" und „viertel auf" angegeben:

Sehr oft werden Sie hören, dass Tageszeiten genannt werden, die sich nach den verschiedenen Gebetszeiten richten. Da sich diese nach dem Sonnenaufgang richten, lassen sie sich nicht mit festen Uhrzeiten wiedergeben.

dre nime badsche
drei halbe geschlagene
halb vier

pau kam ātə
viertel weniger acht
7.45 Uhr

pau bāndi ātə
viertel auf acht
8.15 Uhr

də sahar pə owə badsche ba winu.
von morgens in sieben geschlagene (Zuk.) (wir-)sehen
Wir treffen uns um sieben Uhr morgens.

© Christoph Kraul

Markt an der Fernstraße

Alter Mann blickt auf Kabul

Kurz-Knigge

Das paschtunische Leben wird von zwei grundlegenden Verhaltensmustern geregelt, zum einen dem Islam und zum anderen dem Ehren- und Verhaltenskodex der Paschtunen, dem Paschtunwali. Das wird Ihnen in Form einer strengen Etikette entgegentreten, aber oft auch als eine Ungezwungenheit und Ausgelassenheit, die Sie erstaunen wird. Die Beachtung dieser Etikette bringt Ihre Achtung den Gastgebern gegenüber zum Ausdruck, und sie kann auch Ihnen nützlich sein, wenn Sie sich unsicher fühlen oder Hilfe brauchen

Paschtunen sind hilfsbereit bis zur Selbstaufgabe, humorvoll und stolz. Als Reisende/r können Sie von all dem profitieren, aber auch Ihr Gegenüber durch eine Taktlosigkeit so kränken, dass ihn nur die Gebote der Gastfreundschaft davon abhalten, auf Sie loszugehen.

Vielleicht ist es überflüssig, Bemerkungen über die Religion einzustreuen. Wenn Sie damit keine Probleme haben, lesen Sie über den nächsten Absatz hinweg.

Natürlich werden Sie, auch wenn Sie nicht Muslim sind, respektvoll behandelt – Sie sind in erster Linie ein Gast. Sie sollten jedoch nicht mit einem Muslim oder einer Muslimin über seine / ihre Glaubensgrundsätze diskutieren. Äußern Sie sich nicht abfällig über den Propheten oder den

Koran. Halten Sie, wenn Sie im Fastenmonat Ramazan in Pakistan oder Afghanistan sind, in der Öffentlichkeit unbedingt die Speisevorschriften ein, auch wenn Ihnen unter Umständen eine Ausnahme angeboten wird. Also zwischen Sonnenaufgang und Sonnenuntergang kein Genuss von Speisen, Getränken oder Zigaretten!

Betreten Sie eine Moschee nur dann, wenn es Ihnen auch gestattet wurde, und ziehen Sie sich an der Schwelle die Schuhe aus. Sie sollten als Nichtmuslim nicht auf den Koran starren. Achten Sie darauf, dass Sie dieses Buch nie mit den Füßen berühren oder etwas darauf legen. Selbst das spannendste Gespräch oder der verlockendste Handel kann abrupt zu Ende sein, wenn der Ruf zum Gebet zu hören ist. Sie gewinnen bei Ihrem Gegenüber, wenn Sie Verständnis für die Einhaltung der religiösen Pflichten zeigen.

Die Rolle der Frau in islamischen Ländern ist ein heiß diskutiertes Thema. Urteilen Sie nicht pauschal. Sehen Sie sich um, gehen Sie in die Familien und glauben Sie mir, Sie werden erst nach längerer Zeit in der Lage sein, dieses Problem in allen Facetten zu erfassen. Männlichen Reisenden werden Frauen nicht oft begegnen. Wenn doch, dann sollten Sie sie nicht anstarren und nicht fotografieren.

Reisende ausländische Frauen haben sowohl einen Zugang zur Welt der Männer als auch der der Frauen. Je mehr Sie sich dabei der weiblichen Etikette anpassen, desto mehr können Sie dabei erfahren, und desto mehr können Sie für sich den Schutz der Gesellschaft in Anspruch nehmen. Oder anders ausgedrückt: Eine Frau, die in kurzen Hosen und ärmellosem T-Shirt über den Basar geht, kann nur wenig Beistand bei Belästigungen erwarten, auch nicht von anderen Frauen! Solche Belästigungen bleiben bei dem Tragen der örtlichen Kleidung meist völlig aus. Überhaupt ist es nützlich, sich mit dem örtlichen schalwār kamis einzukleiden. Es sieht gut aus, ist dem Klima angepasst, und Sie sind für jede Gelegenheit passend angezogen.

Für Paare ist es ungehörig, sich in der Öffentlichkeit zu berühren, von Zärtlichkeiten ganz zu schweigen.

Wenn Sie Personen fotografieren wollen, sollten Sie deren Erlaubnis einholen. Denken Sie daran, wo Sie sind, und achten Sie darauf, dass Sie keine Gegenstände oder Vorgänge fotografieren, die mit Militär – darunter fallen in Pakistan auch Brücken! –, Drogen oder Schmuggel zu tun haben könnten. Der Gebrauch von Drogen und jeglicher Handel damit wird drakonisch bestraft.

Die Gegend, in der Sie sich bewegen, ist aus europäischer Sicht eine unsichere, und das ist sicher richtig, wenn Sie an solche Dinge wie Waffen, Minen, Krieg und Schmuggel denken. Sie sind aber sicher, wenn Sie mit mehreren Einheimischen zusammen sind. Wenn Sie klare Auskunft über Ihr Reiseziel und Ihre Absichten geben, vermeiden Sie Misstrauen, und es kann Ihnen geholfen werden. Vermeiden Sie es immer, als Eindringling angesehen zu werden. Wenn Sie reisen, ist es wichtig, dass Sie sich an die örtlichen Regeln halten. Nehmen Sie Ratschläge, die Ihre Sicherheit betreffen, ernst. Mit „Mutproben" schaden Sie sich und vor allem anderen. Wenn Sie die größeren Städte verlassen, muss Ihnen klar sein, dass Sie sich nicht mehr unter dem Schutz irgendeines Staates befinden. Es ist dann wichtig, die örtlichen Machtverhältnisse zu erkunden. Stellen Sie sich Älteren vor, lassen Sie sich mit den Dorfältesten bekanntmachen.

© Christoph Kraul

Pittoresker LKW in schwierigsten Straßenverhältnissen

Namen

Die meisten Paschtunen haben nur einen Namen. Familiennamen in unserem Sinne sind unbekannt bzw. eine neuere Erscheinung, vor allem in der Stadt. Es gibt Namen, die im gesamten islamischen Raum gebräuchlich sind (eingliedrige wie Ahmad, Mahmud, Mohammad; mehrgliedrige wie Nasruddin, Saifullah) und auch Namen, die aus dem Paschto oder dem Persischen stammen: Nangyālay, Toryalay. Frauennamen haben die gleichen Ursprünge. Sie enden oft auf -a: Abeda, Sohra.

Daneben gibt es religiöse und andere Titel, die vor oder nach dem Namen stehen, oder aber bei der Anrede an die Stelle des Namens treten können (wie im Deutschen z. B. „Frau Doktor“). Die wichtigsten bei den Paschtunen sind hadschi für jemanden, der die Pilgerfahrt gemacht hat, und chān, ursprünglich ein Anführer, ein Höhergestellter.

Personen, die man namentlich kennt, redet man höflich an, indem man an ihren Namen, ihren Titel oder mitunter ihre Berufsbezeichnung die Wörter sāheb (Herr), bei Frauen sāhəba (Herrin) oder begum (Herrin) anhängt:

hadschi sāheb!
Pilger Herr!
Herr Pilger!

ḍāktar sāheb!
Doktor Herr!
Herr Doktor!

Männer sollten sich nicht nach dem Wohlbefinden weiblicher Familienangehöriger erkundigen. Das gilt als ungehörig.

schirin begum!
Schirin Herrin!
Frau Schirin!

abəda sahəba!
Abeda Herrin!
Frau Abeda!

Auch den erwachsenen Verwandten steht ein solcher Respekt zu. So werden Sie hören, wenn jemand Vater oder Mutter anredet oder über sie spricht:

zmā plār sāheb pə kor ki nə dəy.
von-ich Vater Herr in Haus drinnen nicht ist(m)
Mein Vater ist nicht zu Hause.

Personen, mit denen Sie vertraut sind oder von denen Sie Dienstleistungen erwarten, sprechen Sie mit ihrem Namen oder ihrer Berufsbezeichnung in der Vokativform an (unbetontes -a für Männer bzw. unbetontes -e für Frauen anfügen). Das gilt auch für gleichaltrige oder jüngere (Un-)Bekannte, die Sie mit wrora! (Bruder) oder chore! (Schwester) anreden sollten. Einen Kellner – in aller Regel sind das Jungs – rufen Sie mit haleka!. Schließlich gibt es noch ein Universalwort für Fahrer, alle möglichen Handwerker, aber auch für Lehrer, Universitätsprofessoren usw., nämlich ustāda!, was vielleicht mit „Meister, Fachmann" zu übersetzen wäre.

Begrüßung & Anrede

Begrüßungen sind sehr formalisiert. Wichtig ist immer die Frage nach dem Befinden des Gegenüber. Wenn Sie jemanden besser kennen, können Sie nach dem Befinden der Familie fragen. Aber selbst Frauen sollten in Anwesenheit Dritter nie nach dem Befinden der Ehefrau fragen.

Die universelle Begrüßung ist:

salām āleykum! **wa-āleykum salām!**
Friede auf-dir *und auf-dir Friede*
Guten Tag / Morgen / Abend.

Zweitere Formel ist dabei die konventionelle Antwort auf erstere.

Unter Bekannten gibt es die Redewendung:

stərəy ma schəy!
müde nicht (ihr-)werdet!
Hallo. Guten Tag.

tāsu cənga yāst? chə yast?
ihr wie seid gut seid
Wie geht es Ihnen?

Oft können sie als Antwort hören:

schukriya, (*P*) **də chudāy fazl dəy.**
danke von Gott Wille ist

schukriya, (*P*) **chə yəm.** (*salopp:* **ṭik ṭak yəm**)
danke gut bin

Danke, mir geht es gut.

pə kor ki chalrat dəy?
in Haus drinnen Wohlbefinden ist
Wie geht es der Familie?

chudā hāfez!
Gott Schutz
Auf Wiedersehen!

də chudāy pāmān!
von Gott Schutz
Auf Wiedersehen!

Das erste Gespräch

Mit einem Smartphone können Sie sich die mit einem gekennzeichneten Sätze dieses Kapitels anhören. Scannen Sie einfach den QR-Code mit Hilfe einer kostenlosen App (z. B. „Barcoo" oder „Scanlife").

Sie werden interessierte und neugierige Gesprächspartner finden. Anders als bei uns ist die Frage nach dem Einkommen völlig normal. Auch die Frage nach Ihrer Religion wird immer wieder gestellt. Fragt Sie jemand auf dem Lande, wo denn Ihr Heimatland liege (wohl bei Amerika?), fragen Sie sich einmal, wie gut sich Europäer in Asien auskennen.

stāsu num cə dəy?
von-euch Name was ist
Wie heißen Sie?

zmā num .... dəy.
von-ich Name ... ist
Meine Name ist ...

tāsu də kom dzāy yāst?
ihr von welcher Ort seid
Woher sind / stammen Sie?

zə də ālmān (*A*) / **dschərməni** (*P*) / **swis** / **otrisch yəm.**
ich von Deutschland / Schweiz / Österreich bin
Ich komme aus Deutschland / der Schweiz / Österreich.

tāsu cə kār kawəy?
ihr was Arbeit macht
Was arbeiten Sie?

zə muhasəl/a / mu'alem/a / kārgar/a / dehqān yəm.
ich Student/in / Lehrer/in / Arbeiter/in / Bauer bin
Ich bin Student/in / Lehrer/in / Arbeiter/in / Bauer.

āya tāsu wāde laṛəy?
ob ihr Heirat habt
Sind Sie verheiratet?

ho, zə wādə larəm. / ya, zə wādə nə larəm.
ja ich Heirat habe / nein ich Heirat nicht habe
Ja, ich bin / Nein, ich bin nicht verheiratet.

stāsu sara batsche di?
von-ihr mit Kinder sind
Haben Sie Kinder?

ho, zə yau zoy au yawa lur larəm.
ja ich ein Sohn und eine Tochter habe
Ja, ich habe einen Sohn und eine Tochter.

āya plār au mor žwandā di?
ob Vater und Mutter lebende sind
Leben Vater und Mutter noch?

stāsu tanchā comra da?
von-ihr Einkommen wie-viel ist
Wie viel verdienen Sie?

Zu Gast sein

Mit einem Smartphone können Sie sich die mit einem 𝔇 gekennzeichneten Sätze dieses Kapitels anhören.

Sich gegenseitig einzuladen, beieinander zu Gast zu sein – das gehört zum guten Ton und ist ein wesentlicher Bestandteil der Kultur der Paschtunen. Man wird Sie oft einladen; gegen einen Tee ist nichts einzuwenden. Denken Sie aber daran, dass Sie Ihrem Gastgeber unter Umständen eine große Verpflichtung auferlegen, wenn Sie die Einladung nach Hause annehmen. Er ist verpflichtet, Sie standesgemäß zu bewirten, und wird dies auch gerne tun. Um dies anzuerkennen, bringen Sie ein kleines Gastgeschenk mit – zumindest Süßigkeiten für die Kinder des Hauses.

Sie werden in ein spezielles Zimmer geleitet, mitunter auch eine den Gästen vorbehaltene Ecke der Hütte. Immer die Schuhe vor der Schwelle lassen! Setzen Sie sich an den Platz, der Ihnen zugewiesen wird. Die Sitzordnung ist zugleich eine Rangordnung. Meist werden Sie auf dem Boden sitzen. Es zeugt von Respekt, wenn Sie Hinzukommende begrüßen, indem Sie sich erheben.

Immer ist die Einladung mit einer Bewirtung verbunden. Es ist höflich, sich beim Nachlegen oder Nachschenken zunächst zu zieren, dann aber doch zu nehmen und die Speisen und Getränke zu loben. Der Gastgeber wird mitunter versuchen, das Essen im Wert herunterzuspielen. Stimmen Sie einem solchen „Understatement" niemals zu! Es wäre eine Beleidigung. Selbst wenn es sich „nur“ um Tee und Brot handelt: Sie können davon ausgehen, dass Sie als Gast das Beste bekommen haben, was Ihren Gastgebern möglich war. Wenn Sie wirklich nichts mehr essen können, dann halten Sie die gestreckte Hand über ihren Teller oder Ihr Trinkgefäß.

dəlta kenəy!
hierher (ihr-)setzt!
Setzen Sie sich hierhin!

ḍoḍəy ḍera māzadāra da.
Essen sehr schmackhaft ist
Das Essen schmeckt sehr gut.

edschāza da?
Erlaubnis ist
Ist es erlaubt…?

bas, schukriya (*P*) / **taschakur** (*A*)
genug danke
Genug, danke.

© Christoph Kraul

Dörflicher Alltag

Essen & Trinken

Gegessen wird meist mit den Fingern. Für ausländische Gäste wird manchmal Besteck aufgelegt, in Restaurants sind aber die eigenen Hände immer dem Besteck vorzuziehen. Im Hause wird meist im Schneidersitz um ein ausgerolltes Tischtuch (dastarchan) auf dem Boden gesessen. Wenn Sie um ein solches Tuch sitzen, sollten die Füße nie über dem Tuch sein, ebensowenig wird darüber hinweggeschritten. Achten Sie auch darauf, Ihrem Gegenüber nicht die Fußsohlen zu zeigen.

Vor und nach dem Essen werden die Hände gewaschen. In traditionellen Familien gießen jüngere Familienmitglieder vor dem Essen den Anwesenden aus einem Krug Wasser über die Hände und reichen ein Handtuch.

Benutzen Sie nur die rechte Hand zum Essen. Die linke gilt, weil zur Säuberung auf der Toilette verwendet, als unrein. Fladenbrot in verschiedenen Variationen gehört zu jeder Mahlzeit. Oft kann mit Brotstücken ein Teil des Mahls aufgenommen werden. Reis wird zu einem kleinen Klümpchen geformt und auf drei Fingern der rechten Hand balanciert mit dem Daumen in den Mund geschoben. Am besten zusehen und nachmachen.

In teureren Restaurants gibt es Besteck, und die Speisekarten sind auch auf Englisch. Obwohl es keine feste Regel gibt, ist ein Zehntel des Preises als Trinkgeld angemessen.

Gerichte

tschapli kabāb	scharf gewürzte Frikadelle (Spezialität aus Peschawar)
ḍoḍəy, **chapati**, **roṭəy**, **paṛāta**, **nān**	verschiedene (Fladen-)Brotsorten
wridschi / **tschāwal** (*P*)	Reis
kabuli palau	ein Reisgericht
ḍanḍakay	ein Hirsebreigericht
dāl	ein Linsengericht
tikka (engl. chicken / mutton tikka)	etwas „Zerhacktes"
kabāb	etwas Gebratenes oder Gegrilltes
karhay	Curry-Gericht
mantu	gefüllte Teigtaschen
sabzi	Gemüse

Oft wird nicht beim Kellner bezahlt, sondern beim Restaurantinhaber, der an einer Art Theke sitzt und die Kellner dirigiert. Eine geschriebene Rechnung sollten Sie nur in „besseren" Restaurants erwarten. Oftmals sind aber die unscheinbaren Garküchen die Orte, wo das Essen schmackhafter und auf jeden Fall wesentlich billiger ist.

Trinken

Getrunken wird meist klares Wasser, das in der Regel nicht abgekocht ist. In der Stadt steht oft schon ein Softdrink aus der Flasche auf dem Tischtuch. Wichtig ist zu allen Jahreszeiten und zu jeder Tages- und Nachtzeit Tee, dessen Zubereitung sich aber bei den afghanischen Paschtunen stark von der pakistanischen Variante unterscheidet. In Pakistan wird Tee fast immer mit Milch und Zucker und mitunter Gewürzen zubereitet.

In Pakistan sind auch Milch und Mineralwasser im Angebot, Dinge mit denen Sie im kriegszerstörten Afghanistan nur gelegentlich und zu hohen Preisen rechnen können.

Wenn Sie eine Ausnahme von dieser Regel wünschen, dann bestellen Sie qahwa̱ (Tee ohne Milch). Grüner Tee (schin tschāy) ist in Pakistan relativ selten zu finden. Anders ist es in Afghanistan: Hier wird Tee generell ohne Milch serviert, und es gibt schwarzen (tor tschāy) wie auch grünen Tee.

Eine Köstlichkeit im Sommer ist Trinkjoghurt, der mit Minze, süß oder salzig gereicht wird. Alkoholische Getränke sind nach den religiösen Speisegeboten nicht erlaubt und nur in speziellen, großen Hotels für (nicht-moslemische) Ausländer erhältlich.

tschāy	Tee
qahwa̱	Tee ohne Milch *(P)*
tor tschāy	schwarzer Tee
schin tschāy	grüner Tee
obə̱ *(w, Mehrzahl!)*	Wasser
schide̱	Milch
ko̱fi	Kaffee
māst	Joghurt

mā ta yau tschapli̱ kabā̱b au tschāy rā̱wṛa.
ich zu ein Tschapli Kabab und Tee bringe!
Bring mir ein „Tschapli Kabab" und Tee!

dā chorā̱k charā̱b dəy. zə dā nə chorə̱m.
dies Gericht schlecht ist ich dies nicht esse
Das Essen ist nicht in Ordnung. Das esse ich nicht.

zə guscht nə chorəm. be lə guscht na chorāk schta?
ich Fleisch nicht esse ohne von Fleisch aus Gericht existiert
Ich esse kein Fleisch. Gibt es ein Gericht ohne Fleisch?

də mā pə co di? bill tayar kṛa!
von ich in wie-viel sind Rechnung bereit mache!
Wie viel macht es? Machen Sie mir die Rechnung!

Übernachten

In Pakistan ein Hotel zu finden, bereitet keine Schwierigkeiten. Die Palette reicht von den Hotels internationaler Ketten bis hin zu kleinen, sehr billigen Absteigen. Achtung: In Pakistan heißen oft auch Restaurants hoṭəl; es hilft dann die Bezeichnung mehmān-chāna (Gästehaus).

In ländlichen Gegenden, und vor allem in Afghanistan kann es vorkommen, dass der Reisende in Teehäusern (tschāy-chāna), in den Gästehäusern der Dörfer (hudschra) oder in einer Moschee (masdschid) übernachten muss. Was Sie dabei an Komfort vermissen, wird die herzliche Aufnahme wettmachen. Denken Sie daran, dass Sie als Gast noch immer das Beste bekommen.

Mit einem Smartphone können Sie sich die mit einem gekennzeichneten Sätze dieses Kapitels anhören.

hoṭəl tscherta paydā kegi?
Hotel wo ausfindig wird
Wo ist ein Hotel?

āyā tāsu (arzān / chə) hoṭəl pežānəy?
ob ihr (billiges / gutes) Hotel (ihr-)kennt
Kennen Sie ein (billiges / gutes) Hotel?

zmā lə pāra koṭa / kamra *(P)* **larəy?**
von-ich für Zimmer (ihr-)habt
Haben Sie ein Zimmer für mich?

koṭa / kamra *(P)* **lidəlāy schəm?**
Zimmer (ich-)sehen-kann werde
Kann ich das Zimmer sehen?

mā ta də dwo kasāno koṭa / kamra *(P)* **pəkāra da.**
ich zu von zwei Personen Zimmer nötige ist(w)
Ich brauche ein Zimmer für zwei Personen.

dā koṭa yauwa schpa pə co kegi?
dies Zimmer eine Nacht in wie-viel wird
Was kostet das Zimmer für eine Nacht?

zə newi bestar ġwāṛəm.
ich neue Bettwäsche (ich-)wünsche
Ich möchte frische Bettwäsche.

pə koṭe̱ / **kamre̱** *(P)* **ki ey-si** / **garme̱ obə̱ schta?**
in Zimmer drinnen AC / warme Wasser existiert
Gibt es im Zimmer Klimaanlage / warmes Wasser?

zə musafə̱r(a) yəm. pə kom dzāy ki zə schpa terawəlā̱y schəm?
ich Reisender(e) bin in welcher Ort drinnen ich Nacht verbringen-kann werde
Ich bin Reisender(e). Wo kann ich die Nacht verbringen?

zə ba sabā̱ lə de dzāy na dzəm. tā̱su bill tayā̱r kṛəy.
ich (Zuk.) morgen von diesem Ort weg gehe ihr Rechnung bereit macht!
Ich werde morgen abreisen. Machen Sie die Rechnung fertig!

taschnā̱b *(A)*, **ġuslchāna̱**	Toilette / Badezimmer
chāli̱ koṭa̱ / **kamra̱** *(P)*	freies Zimmer
schaur	Dusche
kili̱, tschā̱bi *(P)*	Schlüssel
barq, bi̱dschli *(P)*	Strom
samā̱n	Gepäck
panka̱	Ventilator
tschaparkaṭ̱	Bett
kampa̱la	Decke
bālə̱cht	Kissen
besta̱r	Bettzeug

Unterwegs

in der Stadt

Sie können zwar für eine Stadt wie Peschawar einen Stadtplan kaufen, werden aber darauf für ausgedehnte Gebiete keine detaillierten Straßennamen finden. Wenn Sie einmal in den älteren Stadtteilen pakistanischer und afghanischer Städte waren, werden Sie verstehen, warum das so ist. Die Siedlungen sind rund um Basargebiete organisiert, und man orientiert sich an markanten Gebäuden und Einrichtungen. Neuere Stadtteile sind durchaus nach westlichem Vorbild angelegt und entsprechend benannt. Machen Sie sich aber darauf gefasst, dass mitunter zwar offizielle Benennungen existieren, sich die Bewohner aber nach traditionellen Namen orientieren. Die Bewohner einer Nachbarschaft (mahalla) wissen um diese Probleme. So wird man Sie, wenn Sie in ein solches Viertel eingeladen sind oder Sie eine Wegbeschreibung erhalten, mit Angaben ausrüsten, die Ihnen die Orientierung erleichtern. Eine typische Beschreibung könnte so lauten: „Fahren Sie in den Stadtteil Kababiyan. Das ist nicht weit vom Hotel Pearl Continental. Wenn Sie dann an der großen Tankstelle sind, sehen Sie die Weiße Moschee, ich wohne im zweiten Haus rechts davon. Fragen Sie nach dem Ladenbesitzer Abdulqayum, der wird Ihnen die Wohnung zeigen."

yunivarsiṭi taun ta zə bāyad cənga lār/a schəm?
University Town zu ich müssen wie gehend(m/w) werde
Wie komme ich zur University Town?

mā ta qisachāni bazār pəkār dəy.
ich(gebeugt) zu Qisachani Basar notwendig ist
Ich suche den Qisachani-Basar.

āya myuzium liri / negde dəy?
ob Museum weit / nah ist
Ist es weit / nah zum Museum?

mā ta da dzāy pə naqsche ki wucheyəy!
ich(gebeugt) zu dies Ort in Karte drinnen (ihr-)zeigt!
Zeigen Sie mir das bitte auf der Karte!

negde – liri	nah – weit
chay – kiṇ	rechts – links
sida	geradeaus

ḍākchāna *(P)*, **post**	Postamt
bāzār	Basar, Markt
benk	Bank

mit dem Bus

Busfahren ist eine aufregende, oft auch strapaziöse Angelegenheit, bei der Sie aber interessante Leute kennenlernen. Fahren Sie mit dem Überlandbus, kaufen Sie an einem Schal-

In Peschawar mit innerstädtischen Bussen zu fahren, kann abenteuerlich sein, wenn man keine Ortskenntnisse hat. Es gibt keine beschilderten Haltestellen, und mitunter wechselt der Bus die Route nach den Bedürfnissen der Insassen. Allerdings sind diese Busse konkurrenzlos billig. Frauen sollten in beiden Fällen darauf bestehen, einen ledis siṭ *zu bekommen. Das sind die Sitzreihen hinter dem Fahrer.*

ter ein Ticket (ṭikeṭ), auf dem dann auch Ihre Platznummer steht. Wer viel Gepäck hat, das nicht auf das Dach geschnallt werden soll, oder aber sich nicht zutraut, mehrere Stunden mit angezogenen Knien zu sitzen, sollte sich zwei Sitzplätze nebeneinander kaufen.

basuna lə kom dzāy na dzi?
Busse von welcher Ort aus (sie-)gehen
Von wo aus fahren Busse ab?

də swāt bas kəla dzi?
von Swat Bus wann (er-)geht
Wann fährt der Bus nach Swat ab?

pinḍəy ta dwa ṭikəṭuna rakṛəy.
Rawalpindi nach zwei Tickets (ihr-)gebt!
Geben Sie mir zwei Tickets nach Rawalpindi!

dā bas tscherta dzi?
dieser Bus wo geht
Wohin fährt dieser Bus?

dā tor baks zmā dəy.
dieser schwarze Koffer von-ich ist(m)
Dieses schwarze Gepäckstück ist meins.

mit Rikscha oder Taxi

Rikschas und Taxis sind die gehobeneren Transportmittel. Sie sollten allerdings beachten, dass viele Fahrer Tagelöhner sind, die nicht jeden Straßennamen kennen, der in Ihrem Stadtplan steht. Es ist immer gut, wenn Sie etwas Markantes angeben können, was sich in der Nähe Ihres Zieles befindet. Auch ist für einen Rikschafahrer ein 100-Rupienschein viel Geld, das er vielleicht nicht ohne weiteres wechseln kann. Handeln Sie bei der Rikscha den Preis vorher aus und bestehen Sie beim Taxi darauf, dass das Taxameter eingeschaltet wird. Wenn es „kaputt“ ist, legen Sie auch hier gleich beim Einsteigen den Preis fest. So bleiben Ihnen überhöhte Forderungen und Ärger erspart.

zə ġwā̲rəm qisa̲chāni̲ bāzā̲r ta lā̲ṛ/a schəm.
ich wünsche Qis. Basar zu gehend(m/w) werde
Ich möchte zum Qisachani-Basar fahren.

mita̲r schta?
Taxameter existiert
Haben Sie ein Taxameter?

mita̲r estemā̲l kṛəy.
Taxameter Benutzung (ihr-)macht!
Schalten Sie den Taxameter an!

dā pə co ke̲gi lə de dzāy na?
dies in wie-viel (es-)wird von dieser Ort aus
Wie viel macht das von hier?

dā cho ḍe̲re paysə̲ di.
das aber viel Geld(Mz) sind
Das ist zu viel.

sita lāṛ scha.
geradeaus gehend werde!
Fahr geradeaus.

dəlta wudarega.
hier anhalte!
Halte hier an.

mit der Bahn

Bahnstrecken gibt es nur in Pakistan. Fragen Sie nach dem relgāḍi (Zug) und der də relgāḍəy steschən (Bahnhof).

Da die Bahn von den Engländern eingeführt wurde, sind viele Begriffe aus dem Englischen entlehnt: first / second class – *erste / zweite Klasse.*

də relgāḍəy steschən tscherta dəy?
von Zug Station wo ist
Wo ist der Bahnhof?

pinḍəy ta də tag-o-rātag yau ṭikəṭ rakṛəy.
Rawalpindi nach von Reise-und-Rückreise ein Ticket (ihr-)gebt!
Geben Sie mir eine Rückfahrkarte nach Rawalpindi.

mit dem Flugzeug

Auf den Flugplätzen wird von fast allen Angestellten Englisch gesprochen. Paschto wird dort nur benötigt, um mit dem Gepäckträger oder anderen Passagieren zu sprechen.

schukriya porṭər pəkār nə dəy.
danke Gepäckträger notwendig nicht ist
Danke, ich brauche keinen Gepäckträger.

dā baks dzān sara āchləm.
dieser Koffer selbst mit ich-nehme
Dieses Gepäck nehme ich mit mir (*in die Kabine*).

auf dem Lande

Hier gilt es besonders, die einheimischen Sitten zu beachten. Sie werden ein Dorf nur als Durchreisender erleben oder bei jemandem zu Gast sein. Sind Sie nicht eingeladen, fragen Sie nach dem Dorfältesten. Der wird Ihnen sagen, ob Sie bleiben können, und Ihnen einen Platz zuweisen.

zə də saifullah melma yəm.
ich von Saifullah Gast bin
Ich bin zu Gast bei Saifullah.

stāsu də kəli də məschər kor tscherta dəy?
von-ihr von Dorf von Ältester Haus wo ist
Wo ist das Haus eures Dorfältesten?

zə ġwārəm dā schpa stāsu pə kəli ki ter kṛəm.
ich wünsche diese Nacht von-ihr in Dorf drinnen verbringen (ich-)mache
Ich möchte diese Nacht in eurem Dorf verbringen.

kəlay	Dorf
hudschra / mehmān-chāna	Gästehaus
masdschid	Moschee
tschāy-chāna	Teestube

Einkauf, Markt & Handel

Sie finden in Pakistan auch Läden mit Festpreisen, die nach europäischem Muster organisiert sind. Allerdings sind auch hier die Preise nicht ausgezeichnet. Festpreis heißt, dass nicht um den Preis gefeilscht wird.

Einkaufen kann je nach Veranlagung des Käufers bzw. der Käuferin zu einem Vergnügen oder zu einer Qual werden, sobald Sie sich übervorteilt fühlen. Wer immer meint, etwas billiger bekommen zu müssen, muss sich damit abfinden, dass Ausländer als wohlhabend angesehen werden und ihnen demzufolge ein höherer Preis abverlangt wird. Wer feilschen kann, wird mitunter erstaunliche Preisnachlässe erreichen können. Das funktioniert aber nicht, wenn der Händler merkt, dass Sie auf eine bestimmte Ware „scharf" sind. Lassen Sie sich Zeit, plaudern Sie, trinken Sie einen Tee, kommen Sie ein andermal wieder. Schauen Sie darauf, was Einheimische zahlen; das kann ein Richtwert sein.

bāzā̱r	Basar, Markt
dukā̱n	Laden
ġwa̱cha	Fleisch
hagə̱y	Eier
maha̱y	Fisch
kutschi̱ / **ma̱kan** *(P)*	Butter
schide̱	Milch
māst	Joghurt
keek	Kuchen

mewa̱	Obst
maṇa̱	Apfel
nāk / **nā̱schpati** *(P)*	Birne

kila	Banane
hindwāṇəy	Wassermelone
charbuza	Zuckermelone
narəndsch	Orange
kinu	Mandarine
angur	Weintrauben
anār	Granatapfel
ambrud	Guave
amlu	Kaki

Mit einem Smartphone können Sie sich die mit einem 👂 gekennzeichneten Sätze dieses Kapitels anhören.

Sie können immer nach folgendem Muster vorgehen:

👂 **zə keek / (...) ġwārəm**
ich Kuchen / (...) wünsche
Ich möchte Kuchen / (...).

👂 **zə də ġwacha / (...) yau kilu ġwārəm**
ich von Fleisch / (...) ein Kilo wünsche
Ich möchte ein Kilo Fleisch / (...).

👂 **dā / yau kilu / yawa dāna pə co dəy?**
dies / ein Kilo / ein Stück in wie-viel ist(m)
Wie viel kostet das / ein Kilo / ein Stück?

Ist Ihnen der Preis zu hoch, sagen Sie es und schlagen Sie einen Preis vor, den Sie für angemessen halten:

👂 **dā cho ḍer grān dəy!**
dies aber sehr teuer ist(m)
Das ist aber sehr teuer.

zə ba las rupəy darkawəm.
ich (Zuk.) zehn Rupien ich-gebe
Ich werde dir / Ihnen 10 Rupien geben.

Wenn der Händler auf einem Preis beharrt, fragen Sie ihn, ob das sein letztes Angebot sei:

dā āchir (qemat) dəy?
dies letzter (Preis) ist
Ist das das letzte Angebot?
(unter das du nicht mehr gehen wirst)

Sie willigen ein mit:

ṭik / chə, zə ba dā āchləm.
gut ich (Zuk.) dies nehme
Gut, ich nehme / kaufe es.

sabzi	Gemüse
wridschi	Reis
kadsch alu / alu *(P)*	Kartoffeln
gulpi / gobi *(P)*	Blumenkohl
huga	Knoblauch
ṭomāter *(P)*	Tomate
(tor) bandschān	Aubergine
yāz	Zwiebel
lubyā	Bohne
muləy	Rettich
bindi	Okra
rumi bandschān / palak	Spinat
mālga	Salz
tschini / schakar	Zucker
tor mrətsch	schwarzer Pfeffer

masala	Gewürzmischung
mrətsch	Chili(pfeffer)
daniyā	Koriander
dschirā́	Kreuzkümmel
eel	Kardamom

Brot ist das Hauptnahrungsmittel, nicht umsonst heißt auch die Frage, ob Sie schon gegessen, eine Mahlzeit gehabt haben:

ḍoḍəy də wuchwaṛəla?
Brot(w) schon gegessene
Hast du schon gegessen?

Es gibt verschiedene Brotsorten, die sich in Zusammensetzung und Herstellung unterscheiden. So gibt es zum Frühstück oft das paṛāta, ein mit Öl auf dem Blech gebackenes Brot, zu anderen Mahlzeiten ḍoḍəy, roṭəy *(P)*, kultscha, nān ... Der Namen gibt es viele (und zwar auch in den einzelnen Regionen), allen gemeinsam ist ihr guter Geschmack!

āchistəl (āchl-)	kaufen
charcawəl (charc-)	verkaufen
payse	Geld
māte payse	Kleingeld
grān	teuer
arzān	billig
qemat	Preis
ləg	wenig
ziyād	viel
saudā / māl	Ware

kitāb	Buch
achbār / **wradzpāṇa** *(A)*	Zeitung
kaġāz	Papier
lifāfa	Umschlag
pensil	Bleistift
matschis / **gugird** *(A)*	Streichhölzer
sigrət	Zigarette(n)

© Christoph Kraul

Marktszene

tambaku	Tabak
naswār	Kautabak
sabun	Seife
kapṛa	Stoff
abreschom	Seide
pumba	Baumwolle
kamis	Hemd
schalwār	Pluderhose
patlun	(europ.) Hose
capləy	Sandale
butuna	Schuhe
dschorābe	Strümpfe
tschatri	Regenschirm
zar	Gold
nuqra	Silber
kelim / **ġāləy**	Kelim / Teppich

Post & Telefon

Meist treffen Sie Personal, das auch Englisch spricht. Die Beschilderung ist auch in Englisch vorgenommen, Formulare sind gleichfalls zweisprachig. Generell sind die Prozeduren der Post ähnlich den unseren. Pakete müssen Sie in der Regel in Stoff einnähen lassen, meist ist das vor der Post möglich. Die Frankierung von Briefen überlassen Sie am besten den Schalterbeamten, die das Porto in Listen nachschlagen. Es empfiehlt sich, Auslandsbriefe als Einschreiben aufzugeben.

Ferngespräche sind oft noch handvermittelt; es gilt also Zeit mitzubringen. Selbstwählmöglichkeiten ins Ausland sind noch eine Seltenheit. In Peschawar gibt es mittlerweile Kartentelefone, allerdings nur für das Inlandsnetz. Karten sind an den verschiedensten Stellen erhältlich. Es wird in Englisch dafür geworben.

zə də dschərmanəy yawa kol ġwāṛəm.
ich von Deutschland eine Gespräch(w) wünsche
Ich möchte ein Gespräch nach Deutschland.

zə dā chat redschisterd ġwāṛəm.
ich dieser Brief Einschreiben wünsche
Ich möchte diesen Brief als Einschreiben.

yau minit pə co dəy?
ein Minute in wie-viel ist(m)
Wie viel kostet eine Minute?

də post schtemp	Briefmarke
parsəl	Paket
formul	Formular
airmail	Luftpost
də chār koḍ	Vorwahl / PLZ
ṭilfun	Telefon

chat	Brief
ṭilfun kawəl	telefonieren

Behörden & Polizei

Hier scheint es mir angebracht, sich in Englisch zu verständigen und nur von einigen Floskeln Gebrauch zu machen, um „gut Wetter zu machen". Generell gilt, auch wenn es dem „mündigen" mitteleuropäischem Bürger schwerfällt zu akzeptieren: die Bürokraten im Ausland sitzen am längeren Hebel – und Sie sind Gast. Ungeduld, Gereiztheit und Temperamentsausbrüche können Ihnen leicht als Arroganz ausgelegt werden und wirken sich nur zu Ihren Ungunsten aus. Geduld, Beharrlichkeit und eine gehörige Portion Humor führen schneller zum Ziel. Im übrigen verlieren beide Seiten schnell ihr Gesicht, wenn jemand durch seine Forderungen den gewohnten Ablauf stören. Sollten Sie in ernsthafte Schwierigkeiten kommen:

zə ġwāṛəm də dschərmanəy / swiss / otrisch də sifārat sara chabəri wukṛəm.
ich wünsche von Deutschland / Schweiz / Österreich von Botschaft mit Worte (Konj.-)mache
Ich will mit der Botschaft Deutschlands / der Schweiz / Österreichs sprechen.

pasport	Pass
vizā	Visum
də eqāmat edschāza	Aufenthaltserlaubnis

Polizei

Die Polizei ist in Pakistan mit weitreichenden Vollmachten ausgestattet bzw. nimmt sich diese selbst. Dies ergibt sich aus der Geschichte des Landes, seiner Sozialstruktur sowie auch der öfter angespannten Sicherheitslage. Sie können nicht davon ausgehen, dass Ihnen die Polizei als „Dienstleistungsbetrieb" zur Verfügung steht (z. B. bei der Anfertigung von Verlustprotokollen für Versicherungen), auch wenn Sie als Ausländer mitunter bevorzugt behandelt werden. Bevorzugung bedeutet allerdings nicht, dass Ihnen Verstöße gegen Gesetze mangels Unkenntnis nachgesehen werden. Mein Rat lautet, keine Konfrontation zu suchen, auch wenn Sie sich im Recht befinden oder das glauben. Bitte überlegen Sie sich auch, ob und in welchem Fall Sie jemanden beschuldigen oder anzeigen. Tun Sie das nur, wenn Sie alle anderen Mittel, Ihr Problem zu lösen, ausgeschöpft haben. Vermuten Sie einen Diebstahl, wenden Sie sich an den Hotelmanager. Haben Sie pakistanische Bekannte, ziehen Sie diese zu Rate. Suchen Sie Vermittlungsmöglichkeiten zunächst unterhalb der Ebene der Polizei, so ersparen Sie sich und anderen bürokratischen Aufwand und unter Umständen weitreichende Folgen. Man wird Ihnen als Gast gern behilflich sein und vielleicht (im Fall von materiellen Verlusten) eine Kompensation anbieten. Es ist immer ratsam, durch vorausschauendes Verhalten Schaden zu vermeiden (Geld und Dokumente sicher aufbewahren, Gepäck abschließen usw.). Sollte es doch unumgänglich sein, die Polizei hinzuzuziehen, rate ich Ihnen, auch wenn es dem Anliegen dieses Sprachführers widerspricht, von Beginn an in Englisch zu verhandeln. In komplizierten Situationen empfiehlt es sich auf jeden Fall, das Konsulat oder die Botschaft einzubeziehen.

mrəsta! zmā sara mrəsta wukṛəy!
Hilfe von-ich mit Hilfe (ihr-)macht!
Hilfe! Bitte helfen Sie mir!

zə cə wukṛəm?
ich was (Konj.)-(ich-)mache
Was soll ich tun?

zma paysə wrəke di.
von-ich Geld(Mz.) verschwundene sine
Mein Geld ist weg.

schāyad yau tschā da ġlā wukṛa.
vielleicht ein wer dieser Diebstahl tat
Vielleicht hat es jemand gestohlen.

zə ġwāṛəm tsche polis rāschi.
ich wünsche dass Polizei (Konj.)-herkommt
Ich möchte, dass die Polizei kommt.

Krank sein

In den ländlichen Gegenden gibt es oft nicht einmal eine medizinische Notversorgung, und um einen Arzt zu sehen, müssen Kranke oft auf mühsamen Wegen in die Stadt gebracht werden. Es empfiehlt sich, bei ernsten Beschwerden, die noch eine Reise zulassen, gleichfalls eine Stadt aufzusuchen. Eine Reiseapotheke ist sinnvoll, sie lässt sich in Peschawar oder anderen größeren Orten zusammenstellen, Einwegspritzen sind ein ratsamer Bestandteil.

Viele Ärzte und Apotheker sind im Ausland ausgebildet und sprechen meist Englisch. Es ist deshalb wenig sinnvoll, hier einen anatomischen Katalog in Paschto anzulegen. Oftmals bedarf es aber auch nur einer kleinen Hilfe bei Beschwerden, auf die aufmerksam zu machen ist:

Mit einem Smartphone können Sie sich die mit einem 👂 gekennzeichneten Sätze dieses Kapitels anhören.

zə mariz̲/a / nāroġ̲/a yəm.
ich krank(m/w) bin
Ich bin krank.

zə žobə̲l schəwa̲y/-ə̲y yəm.
ich verletzt geworden(m/w) bin
Ich bin verletzt.

👂 **ḍākta̲r tsche̲rta dəy?**
Arzt wo ist(m)
Wo ist ein Arzt?

👂 **dawā̲-chāna̲ tsche̲rta da?**
Apotheke wo ist(w)
Wo ist eine Apotheke?

zmā sar / zṛə / ġāra chugegi.
von-ich Kopf / Herz / Hals schmerzt
Mein Kopf / Bauch / Herz schmerzt.

zə hamila yəm.
ich schwanger bin
Ich bin schwanger.

zə taba / ishāl larəm
ich Fieber / Durchfall habe
Ich habe Fieber / Durchfall.

dawā-chāna	Apotheke
bazu	Arm
ḍāktar	Arzt
stərga	Auge
meda	Bauch
wina	Blut
sina	Brust
guṭa	Finger
pcha	Fuß, Bein
lās	Hand
ġāra	Hals
zṛə, **qalb**, **dil**	Herz
sar	Kopf
dawā	Medikament
chulə	Mund
paza	Nase
ġwag	Ohr
palastər	Pflaster, Verband
eksray, **petschkari** *(A)*	Röntgen
serindsch	Spritze
guli	Tablette
žobla	Wunde
ġāch	Zahn
də ġāchuno ḍāktar	Zahnarzt

Hygiene

Achten Sie darauf, stets abgekochtes Wasser oder Mineralwasser zu trinken. Am ungefährlichsten ist immer Tee. Wenn Sie nicht das Risiko eingehen wollen, langwierige und unangenehme, Sie schwächende Durchfallerkrankungen zu bekommen, halten Sie sich an die Regel: „Cook it, peel it or forget it!" (Essen kochen, schälen oder vergessen). Sie werden aber mitunter in Situationen kommen, in denen Sie zum Mitessen animiert werden und Sie einen taktvollen Kompromiss finden müssen, um einerseits Ihre Gesundheit nicht zu gefährden und andererseits Ihre Gastgeber nicht vor den Kopf zu stoßen.

Hygieneartikel für Frauen sind in Peschawar im Angebot. Sie können allerdings nicht damit rechnen, dass Sie die von Ihnen bevorzugte Marke finden. Also empfiehlt es sich, Tampons und Binden auf die Reise mitzunehmen.

āya dā obə dschusch schəwi di?
ob dieses Wasser(Mz) abgekocht gewordene sind
Ist das abgekochtes Wasser?

wubachəy, zə os nə schəm chwaṛəlāy – də mede taklif larəm
(ihr-)entschuldigt! ich jetzt nicht werde essen-kann – von Bauch Beschwerde (ich-)habe
Entschuldigen Sie, ich kann jetzt nichts essen, ich habe ein Problem mit meinem Bauch.

Toilette

In Hotels mit Touristenverkehr finden Sie Toilettenpapier; es ist auch käuflich zu erwerben. Üblich ist aber die Reinigung mit der linken Hand und Wasser. Eine henkellose Kanne für diesen Zweck finden Sie auf jeder Toilette. Die Kennzeichnung von Toiletten durch die uns geläufigen Symbole oder englische Aufschriften ist üblich. Auf dem Lande können Sie solchen Komfort aber nicht erwarten. Oftmals ist nicht einmal eine Toilette vorhanden, es wird aufs Feld gegangen. Da Toilettenpapier ein ausländischer Luxusartikel ist, benennt man es auch in englischer Sprache: toilet paper.

zə bāyad zmā lāsuna wumindzəm.
ich müssen von-ich Hände (Konj.)-(ich-)wasche
Ich muss meine Hände waschen.
(Umschreibung für:
Ich muss mal auf die Toilette.*)*

toilət tscherta dəy?/
ġuslchāna tscherta da?
Toilette wo ist(m/w)
Wo ist die Toilette?

Literaturtipps

Weiterführende Literatur ist eine Frage der Geldbörse, aber auch Ihrer Erfahrung mit Lehrbüchern, Grammatiken usw. Es gibt in Peschawar Broschüren, die versprechen: **Pashto in five weeks**. Ich kann nur davon abraten, ebenso von Reprints der Bücher von **Lorimer**, **Raverty** und anderen Kolonialoffizieren: Sie schildern zum Teil eine veraltete Sprache und führen Sie mit jeweils einer anderen Umschrift irre.

In Peschawar ist ein englisches Lehrbuch des Paschto von **Guldschan Wror Wardak**, **Pachtó chod** (1992) erhältlich, das ich empfehlen kann. In Pakistan erschienen, ist es von einem afghanischen Paschtunen geschrieben.

Es gibt auch ein deutschsprachiges Lehrbuch: **Manfred Lorenz**, **Lehrbuch des Pashto**, 2. Aufl. 1982, Leipzig. Es ist in Lektionen aufgeteilt, basiert auf dem Paschto Afghanistans, bietet einen guten Einblick in die Grundgrammatik des Schriftpaschto, berücksichtigt allerdings nicht das pakistanische Paschto und wenig die gesprochene Sprache.

Wörterbücher gibt es alte und neue. Leider sind die neuen und besseren schwer zu bekommen: Sie wurden in nur geringer Auflage in Kabul gedruckt:

Pashto-English Dictionary, Kabul 1979,
English-Pushtu Dictionary, Kabul 1975.

Wer Russisch kann, hat den Zugang zu den besten Paschto-Wörterbüchern überhaupt: **Russko-puštu slovar**, 2. Auflage, Moskva 1983, **Afgansko-russkij slovar**, 1. Auflage, Moskva 1966 und spätere Auflagen.

Auf dem deutschen Markt gibt es mittlerweile ein ausführliches und professionell gemachtes Paschto-Wörterbuch, das sich an einen akademischen Kundenkreis richtet und leider zu einem stolzen Preis gehandelt wird: **Großes Wörterbuch Deutsch-Paschto** von **A. Malakzay**, Lexicographia Orientalis Band 6, BuskeVerlag, Hamburg 2009. Daneben gibt es noch ein **Paschtu-Deutsches Wörterbuch** von **D. Achakzai**, ohne Ortsangabe (Selbstverlag), 2009. Ein älteres **Wörterbuch Deutsch-Afghanisch** (= Paschto) desselben Autors ist vergriffen. Daneben gibt es noch ein dreisprachiges **Wörterbuch Deutsch-Dari-Paschtu** von M. Arif (Selbstverlag, 2010). Auch Online-Wörterbücher für Paschto gibt es, wenn auch nur in arabisch-persischer Schrift.

Paschto lernen ohne Stress!
Der Kauderwelsch AusspracheTrainer macht die wichtigsten Sätze und Redewendungen aus dem Konversationsteil dieses Kauderwelsch-Buches (gekennzeichnet mit) auf Audio-CD hörbar.
Aufbau des Kauderwelsch Aussprache-Trainers:
Zuerst wird der deutsche Satz gesprochen,
dann die Paschto-Übersetzung.
Es folgt eine Sprechpause, in der der Paschto-Satz nachgesprochen und geübt werden kann.
Zur Kontrolle folgt abschließend noch einmal der Paschto-Satz.
Kostenpunkt: € 7,90 [D]
ISBN: 978-3-8317-6152-4
www.reise-know-how.de

Wörterliste Deutsch – Paschto

Afghanische Ornamentik

Die folgende Liste enthält einen Grundwortschatz von ca. 900 Wörtern. Folgende Abkürzungen verwendet:

A	*Afghanistan*
P	*Pakistan*
m	*männlich*
w	*weiblich*
Ez	*Einzahl*
Mz	*Mehrzahl*

A

Abend māchām, schām
aber lәkin, amma
abfahren (gehen) tlәl, dz-
abfliegen alutәl, āluz- *(A)*, dschahāz kawәl *(P)*
abgeben warkawәl
abreisen safar kawәl
Abteil ḍabba
Adresse pata, ādress
Afghanistan afġānistān
Alkohol scharāb
allein yauwāzi
alles ṭol
als (Bedingung, zeitl.) kәla tsche;
(Vergleich) lә ... na (cәcha)
alt (nicht jung) zoṛ;
(nicht neu) qadim
Alter pir;
(wörtl. „Weißbart") spin giray;
(Lebens-) umr
Analphabet be sewād
Andenken yād
anfangen schurú kawәl
Angestellte(r) ma'amur
Angst wira
anhalten daredәl, dareg-
ankommen rasedәl, raseg-
Ankunft rasedәna
anmelden redschistәr kawәl
Antwort dzawāb
antworten dzawāb (war-, dar-, ra-)kawәl
Apotheke dawāchāna
arbeiten kār kawәl
Arbeiter(in) kār kawunkay (kawunki)
arm ġarib
Arzt ḍāktar;
(trad. Heiler) hākim
Asien asiā
auch ham
auf dә ... tәr bāndi
Aufenthalt eqāmat
aufhören sar ta rasawәl, rasaw-
aufstehen pācedәl, paceg-
aufwachen wechedәl, wecheg-
aus lә ... cәcha, lә ... na
Ausfuhr churudsch
Ausgang watәna
ausgezeichnet schāhbas
Auskunft ma'alumāt
Ausland chāridsch
Ausländer chāridschi, angrez
ausländisch chāridschi, angrezi
Ausreise churudsch
Aussprache talafuz
aussteigen k(ch)atta kedәl, keg-
Ausstellung namāәsch
Ausweis ai-di-kārd, pāsport
ausziehen (Kleidung) kāli (lebās) istәl, ... bās-
Auto gāri *(P)*, motar *(A)*

Autowerkstatt də gāri (moṭar) warkschāp

B

Badezimmer ġuslchāna, taschnāb *(A)*
Bahnhof steschən
Bahnsteig pletfām
bald žər
Bank (Geld) benk; **(Sitz-)** kursi, cokəy
Bargeld payse
Batterie bəṭri
bauen dschoṛawəl, dschoṛaw-
Bauer buzgar, dehqān
Baum wəna, daracht
Baumwolle mālutsch
beeilen, sich dschəldi kawəl
beenden chatm kawəl
begegnen, sich lidəl, win-
begleiten badraga kawəl
begrüßen salām (war)kawəl
behandeln (Krankh.) dāru darmal kawəl
Behörde daftar, afis
bei də … sara
Beispiel namuna
bekanntmachen, sich aschnā kawəl
beleidigen tahkir kawəl
benachrichtigen chabar warkawəl
Benehmen rawiya
Benzin pəṭrol, tel *(A)*
Berg ġar
Beruf schuġl, kār
berühmt maschhur
beschweren, sich schikāyat kawəl
besichtigen katəl, gor-
Besitzer chāwənd
besser lə … na chə
Bestechung rischwat
bestellen sepārəcht kawəl
Bestellung sepārəcht, ordar
bestrafen dscharima warkawel
Besuch lidəna
besuchen lidəna kawəl
betrügen ġulawəl, ġulaw-
betrunken mast
Bett tschārpəy
Bettzeug bestar
Bettler gadāigar
bevor lə … məchki
Beweis sabut
bezahlen paise warkawəl
Bild taswir
billig arzān
Binde rəchkəy
bis tər … pori
bisschen ləg
Bitte ġuchtəna, chāhəsch
bitten ġuchtəl, ġwār-
Blatt pāṇa
blau schin, ābi
bleiben osedəl, oseg-
Bleistift pensil
Blume gul
Boot kechtəy
Botschaft sifārat
Brand or
Brauch rewādsch
brauchen zarurat larəl, lar-
braun naswāri
breit prāch
brennen swadzedəl, swadzeg-
Brief chat, letter
Briefmarke schtəmp
Briefumschlag lifāfa
Brille ainak(e)
bringen rawṛəl
Brot ḍoḍəy, roṭi, nān, ṭikki
Brücke pul
Bruder wror
Brust sina
Buch kitāb
buchen bukin kawəl
Buchstabe ṭoray, harf
bunt rangin
Bürger (Staats-) də … osedunkay, tab'a
Büro daftar
Bus bas

C / D

Chauffeur dariwar, ustād
Chef məschər
Christ isāwi
Dach bām
dafür də de lə pāra
dahinter də de tər schā
damit (um zu) də de lə pāra tsche
danach də de na wrusta
danke schukriya, taschakur *(A)*
danken schukriya (taschakur *A*) wayəl, wāy-
dann kə·la tsche
darum lə de sababa

dass tsche
Datum tārich, neṭa
dauern dawām kawəl
Decke (Bett-) kambala
dein/e stā
denken fekr kawəl
Denkmal yādgār
deshalb lə de sababa
deutsch dschərmani, ālmāni *(A)*
Deutsche(r) dschərmanay / dschərmanəy *(w)*
Deutschland dschərmani, ālmān *(A)*
Devisen chāridschi paise
Dialekt lahdscha
dick ġaṭ
Dieb ġlə
Diebstahl ġlā
dies dā
diese (-r, -s) dā
Ding schay
Dokument(e) sanad, asnād
Dolmetscher tardschumān
Dorf kəlay
Dorfältester də kəli maschər
dort(hin) halta
dringend dschəldi
du tə
dumm be aql
dunkel tiāra, tārik
dünn naray; **(Mensch)** ḍangər
durch (quer) də mandz cəcha
Durchfall ishāl
dürfen edschāza larəl, lar-
Durst təgay

E

echt richtini
Ehefrau katta, chədza
Ehemann meṛə, schohar
Ehepaar katta au meṛə
Ehre nang
ehrwürdig nangyālay
Ei hagəy
Eigentum māl
Eimer satl
Einbruch ġlā
einfach sada
Einfuhr wāredāt
Eingang wāred
einige dzini
einladen baləna kawəl
Einladung baləna
einmal yau dzal
einsteigen, -treten nəna watəl
einverstanden qabul, mu'afiq
Einwohner osedunkay
Eis (Speise-) aiskrim, schiryach *(A)*
Eisenbahn relgāri
Eiter zəwa
Eltern plār au mor
empfangen estəqbāl kawəl, harkəlay kawəl
empfehlen maschwara warkawəl
Ende chatm
eng tang
England inglistān
englisch inglisi, angrezi
Enkel(in) lmasay (lmasəy)
entscheiden faisala kawəl
entschuldigen, sich bachəna ġuchtəl, ġwār-
er day
Erde dzməka
Ereignis pecha
Erfolg baryalitob
erhalten lās ta rawṛəl, rawṛ-
erholen, sich istirāhat kawəl
erinnern, sich yādawəl, yādaw-
erkältet sein rezisch larəl, lar-
erklären wāzeh kawəl
erkundigen, sich ma'alumāt ġuchtəl, ġwār-
erlauben edschāza (ra-, dar-, war-)kawəl
erlaubt (Religion) halāl
Erlaubnis edschāza
Ermäßigung ārzāni
Ersatzteil sperpārṭ
erzählen kisa kawəl
Esel char
essen chwaṛəl, chor-
Essen (Mahlzeit) chorāk, ḍoḍəy
Etage manzil
etwa taqriban
etwas ləg cə
euer / eure stāsu

F

Fabrik warkschāp, kārchāna
Faden tār
Fähre dschāla
fahren tschālawəl
Fahrkarte ṭikəṭ
Fahrpreis də ṭikəṭ qemat
Fahrrad baiskil
Fahrzeug gāri, moṭar *(A)*
falsch ġalat
Familie koranəy
Farbe rang
Farbfilm rangi filəm
fasten (relig.) roža niwəl, nis-
Fastenmonat ramazān
faul (träge) tambal; **(Obst)** charāb
Fehler ġalati
Feier mela
feiern mela kawəl
feilschen ārzāni kawəl
Feld paṭəy
Fenster kəṛkəy
Ferien tschuṭṭi, ruchsati *(A)*
fern liri, dur
Fernsehgerät ṭi-wi
fertig tayār
fest klak, ting
Fest mela
feucht lund
Feuer or
Fieber buchār *(P)*, taba
Film filəm
finden paṭa kawəl; mundəl, mum-
Finger gutta
Fisch mahay
Flasche boṭal
Fleisch ġwacha
fleißig takṛa
fliegen aluṭəl, dschahāz kawəl
Flüchtling muhādschər
Flug dschahāz
Flughafen erport
Flugticket də dschahāz ṭikəṭ
Flugzeug plen, tayāra *(A)*
Fluss rud, sind, daryā
Folklore folklor
Formular forma, formul
Fotoapparat kemra
Fotografie taswir, aks *(A)*
fotografieren taswir (aks) niwəl, nis-
Frage puchtəna
fragen puchtəna kawəl
französisch farānsawi
Frau chədza
Fräulein peġla
frei azād
fremd praday
freuen, sich chuschhāledəl, chuschhāleg-
Freund(in) dost, malgəray (malgərəy)
freundlich mehrebān
Freundschaft dosti, malgərtiyā
Frieden sola
frieren sāṛə kedəl, keg-
frisch (Obst) tāza
fröhlich chuschhāl
Frucht mewa
früh wachti
Frühling psarlay
frühstücken nāschta kawəl, subanaray kawəl *(A)*
Führung lārchodəna
für də ... lə pāra
fürchten, sich (vor) lə ... cəcha weredəl, wereg-
Fuß pcha; **zu F.** pə pcho, pedəl *(P)*

G

Gabel fork
ganz ṭol
Garten bāġ
Gas ges
Gasse kuca
Gast melma
Gastfreundschaft melmastyā
Gastgeber (də kor) chāwənd
Gaststätte ristorān, hoṭəl
Gebäck kultscha, keek
Gebäude kor
geben (ra-, dar-, war-)kawəl
Gebet lmundz, namāz
Gebetsruf azān
Gebirge ġruna, kuhestān
Gebühr māliya
Geburtstag də zegedə·ne wradz
gefährlich chatarnāk
gefallen pasand
Gefäß lochay, zarf
Gefühl ehsās
gegen də ... pə zəd
Gegend sima, elaqa

Wörterliste Deutsch – Paschto

gegenüber də ... pə muqābəl
gehen tləl, dz-
gelb žeṛ
Geld payse
Gemüse sabzidschāt
gemütlich arām
genau ṭik, hamdāsi
genug bas, kāfi
Gepäck samān, laggedsch
geradeaus məchāməch, sida *(P)*
gern də chuschhāləy sara
Geschäft (Tätigkeit) tedschārat; **(Laden)** dukān
Geschenk tofa
Geschichte (Historie) tārich; **(Erzählung)** kisa
Geschwister wruṇa au chwende
Gesellschaft ṭoləna
Gesetz qanun
Gespräch chabəri-ātəri, gap-schap
gestern parun
gesund roġ, ṭik
Gesundheit roġtiyā
Getränk də tschechəlo schay
Gewehr topak
Gewicht wazn
Gewitter tālənda au brechna
gewöhnen adat kawəl
Gewürz masāla
Gift zahr
Glas (Trink-) gilās; **(Material)** schischa
Glaube (Religion) din, mazhab
Glaubenskämpfer mudschahəd
glauben (etwas) bawār kawəl
Glück nekməṛġa, chuschbacht
glücklich (sein) chuschhāl
Gold zar
Gott chudāy, chudāwand
Gramm grām
Grammatik gərāmar
Gras wāchə
gratulieren mubārak wayəl, wāy-
Grenze sarhad
Grippe zukām, flu
groß loy
Größe (Kleidung) saiz
Großmutter anā
Großvater nikə
grün schin
Gruppe ḍala
grüßen salām warkawəl
gültig etebāri, sam
gut chə, ṭik

H

haben larəl, lar-
Hafen bandar
Hälfte nima'i
halten daredəl, dareg-
Haltestelle steschən
Handel tedschārat
hart sacht
Haus kor
Hausherr də kor chāwənd
heben porta kawəl
Heftpflaster palastar
heilig muqadas
heiß tod, garm
helfen mrəsta kawəl
hell ruchnā
Herbst manay
Herr sāhəb
herzlich meherbān, zṛələ kumi
heute nən
hier dəlta
Hilfe mrəsta
hinter də ... tər schā
hoch lwaṛ, **(Mensch)** dschək
Hochzeit schādi *(P)*, wādə
hoffen hila larəl
höflich mu'adab
Höflichkeit ādab; **(gutes Benehmen)** cha rawiya
Holz largay
hören āuredəl, āur-
Hotel hoṭəl
Hund spay
hungrig wəgay
Hygiene sihat

I

ich zə
ihr/e (Ez.) də de; **(Mz.)** də duy
Ihr/e stāsu
immer hamescha
impfen weksin kawəl

in (Ort) pə … ki;
(Richtung) … ta;
(zeitlich) pə …
Indien hindustān
Industrie sana'at
Insekt haschara
Insel dschazira
interessant diltschasp, pə zṛə pori
interessieren, sich diltschaspi larəl
international enternəschnəl, bein-ul-millali *(A)*
Islam eslām

J

ja ho, bale *(A)*, dschi *(P)*
jagen schikār kawəl
Jahr kāl
Jahreszeit mosim
jährlich har kāl
jeder har cok
jedesmal har dzal, hamescha
Jeep dschip
jemand yau cok
jener daġə
jetzt os
Journalist dschornəlist, chabaryāl *(A)*
Jude yahud
jung dzwān
Junge haləkr

K

kalt soṛ;
(eisig) yach
Kamel uch
kaputt charāb
Karte (Land-) naqschā;
(Post) postkārḍ
Kasse də· payso ġurfa
kaufen āchistəl, āchl-
kennen pežandəl, pežan-
Kind maschum
Kino sinemā
Kirche kalisā
Klimaanlage ai-si
Kleidung kapṛe, lebās *(A)*
klein kutschnay,
(Mensch) waṛukay
klug huchyār
kochen pachawəl, pachaw-
Koffer baks, sunduq *(A)*
kommen rāġləl, rādz-
kompliziert muschkil
Konsulat konsulgari
kontrollieren tschek kawəl, talaschi kawəl *(A)*
Koran qur'ān
Koranschule madrasa
kosten (probieren) koschisch kawəl;
(Preis) qemat larəl
kostenlos muft
krank bimār *(P)*, nāroġ
Krankenhaus haspital, roġtun *(A)*
Krankheit bimāri, marizi *(A)*
Krieg dschang
kühl soṛ
Kühlschrank fridsch, yachtschāl *(A)*
Kunst hunar
kurz lanḍ
küssen matschawəl, matschaw-

L

lächeln masəl, mas-
lachen chandawəl, chandaw-
Lage (geogr.) dzāy
Lager (Zelt-) kemp
Laken bestar
Lampe tschərāch
Land mulk, hewād *(A)*
Landwirtschaft sara'at
lang ugd
lange (Zeit) ḍer wacht
langsam wro, ahista
langweilig chastakun
laufen manḍa wahəl, wah-
laut āwāz
leben žwand kawəl
Leben žwand
ledig be wādə
leer chāli
legen ichodəl, gd-
lehren dars warkawəl
Lehrer(in) mu'alim, chowunkay *(A)*
leicht (Gewicht) spək;
(zu tun) asān
leihen, sich porawəl, poraw-
lernen zda kawəl
lesen lwastəl, lwal-
Leute chalk, wagəri *(A)*
Licht ruṇā
lieben mina larəl

Lied sandəra, sangit *(P)*
liegen prewatəl, prewuz-
links kiṇ
Loch suray
Löffel kātschuğa
Lohn (Gehalt) tanchā, ma'āsch *(A)*
lügen droğ wayəl, wāy-
lustig chuschhāl

M

machen kawəl, kaw-
Mädchen ndscheləy
malen rasm kawəl
Manager menetschar
manchmal kəla kəla
Mann saṛay
Markt bāzāṛ
Medikament dawā
Meer samandar, bahər *(A)*
mehr ziyāt, ḍer
mein/e zmā
Menge andāza
Mensch ensān
merken, sich pə yād sātəl, sāt-
Messer tschāku
mieten pə kerāya achistəl, āchl-
Mine mayn
Minute minəṭ, daqiqa *(A)*
mit də ... sara
Mittag ğarma;
M. essen ḍoḍəy chwaṛəl, chor-
Mittagessen də ğarme ḍoḍəy
mitteilen ma'alumāt warkawəl
möglich mumkin
Monat myāscht
morgen sabā
Morgen sahār
Moschee masdschəd
Moslem musulmān
Motor endschin
Motorrad saikil
müde stəray
Müll anbār
Museum adschā'ibgar *(P)*, myuzium
Musik musiqi
müssen bāyad
Mutter mor

N

nach (Richtung) ... ta; **(zeitlich)** də ... na wrusta
Nachmittag māspichin
Nachricht chabar
nächstes Mal bəl wacht
Nacht schpa
nackt luc
Nadel stən
nah negde
Name num
nass lund
Nationalität millyat
Natur tabi'at
natürlich tabi'i
neben də ... pə cang
nehmen āchistəl, āchl-
nein na, ya
neu nəway
neugierig palaṭunkay
nicht na
nichts hic
niedrig ṭiṭ
niemals hic wacht, hic kəla
niemand hic cok
nirgendwo/-hin hic tscheri
noch tər osa;
n. einmal yau dzal byā
Norden schimāl
normal normal
notwendig zaruri
Nummer lambar
nur yauwāzi, sərf
nutzen estefāda kawəl

O

oben lwaṛ
Obst mewa
oder yā, ke
öffnen chlāsawəl, chlāsaw-
oft ḍer
ohne be, be lə
Öl roğan, oil
Onkel māmā, tschātschā
Organ ğəray, orgān
organisieren tartibawəl, tartibaw-
Ort dzāy
Osten scharq
Österreich otrisch
Österreicher(in) otrischi

P

paar dzini
Paket pakaṭ

Palast qasər
Papier kaġāz
Pakistan pākistān
Park bāġ
parken (Wagen) pārkin kawəl
Paschtune pachtun (Mz.: pachtānə)
Paschtunenland pachtunistān, pachtunchwā
Pass (Reise-) pāsport
Patient bemār, nāroġ
Pause tafrih
Person nafar, kas
Pflanze nabāt
Plan plān
Platz maydān
plötzlich samdelāsa
Politik siyāsat
Polizei polis
Post(amt) ḍāk chāna *(P)*, post āffis
Preis qemat
privat schachsi
Problem prabləm
Programm progrām
pünktlich pə wacht

Q / R

Qualität kayfyat
Radiogerät rādyu
Rat maschwara
rauchen sigrət cəkawəl
Raum koṭa, kamra *(P)*
rechnen schmerəl, schmer-
Rechnung schmer, bill *(P)*
Recht haq
rechts chay
reden chabəri kawəl
Regen bārān
Regenschirm tschātri
registrieren redschistər kawəl
reich schtaman, paysadār
reif poch
Reifen tayr
Reise safar, musāfiri
Reisebüro trewel edschensi
reisen musāfiri kawəl
rennen manḍa wahəl, wah-
reparieren riper kawəl
reservieren risərf kawəl
Restaurant hoṭəl, ristorān
Rettungswagen embulāns
richtig ṭik, sam
Richtung taraf
Rikscha rikschā
roh chām, um
rot sur
Rückfahrt berta rātag
Rucksack ruksek
rückständig bāqi mānda
rufen tschiġe wahəl, wah-
Ruhe ārāmi
ruhen istirāhat kawəl

S

Sache schay
sagen wayəl, wāy-
Salz mālga
sammeln raṭol kawəl
Sand reg
satt moṛ
Satz (sprachl.) dschumla
sauber sāf, pāk
säubern sāf kawəl
sauer trich
Schaf psə
scharf tez
Scheck tschek
Schere qaitschi
schicken legəl, leg-
schießen daze kawəl
schlafen chob kawəl
schlagen wahəl, wah-
Schlange mār
schlecht bad
Schlüssel tschābi *(P)*, killi *(A)*
schmackhaft māzadār
Schmerz dard
schmerzen chugədəl, chugeg-
Schmuck də chkulā gina
Schmuggel qātschāq
schmutzig nāpāk
schnell tschabok, tez
schon tər, os, də, mə, ·cha
schön chkulay, chāysta, chubsurat *(P)*
schreiben likəl, lik-; **sich sch.** chat legəl, leg-
schreien tschiġe wahəl, wah-
Schuh buṭ
schuldig mudschrim
Schule skul, maktab
Schüler(in) schāgird, tālib
schwanger hāmila
schwarz tor
Schweiz switsarlənd
Schweizer(in) swis
schwer sacht, drund
Schwester chor

schwimmen lambu wahəl, wah-
schwitzen chwala kawəl
See band, samandar
sehen lidəl, win-
Sehenswürdigkeiten də lidəne-waṛ dzāyuna
Seide (a)breschom, silk
Seife sābun
Seil rasəy, rop
sein/e də də
seit lə ... na rā pə de chwā
Seite (Richtung) taraf
Sekunde səkənd, saniya *(A)*
selbst dzān
selten ləg
setzen, sich kenastəl, ken-
sicher be chatar
sie (Ez.) dā; **(Mz.)** duy
Sie tāsu
Silber nuqra
singen sandəre (*P:* sangit) wayəl, wāy-
sitzen nāst(a); **(Kleidung)** barābar
so dāsi
sofort samdəlāsa
Sohn zoy
solcher dā ḍaul
sollen bāyad
Sommer oray
Sonne lmār
sparen sātəl, sāt-
spät der
spazierengehen tschākar wahəl, wah-
Speise ḍoḍəy, chorāk *(A)*, kāna *(P)*
Speisekarte minyu
spielen lube kawəl
Spielzeug də lube schiyān
Sport sport
Sprache žəba
sprechen chabəri kawəl
spritzen (Med.) serindsch (*A:* petschkāri) kawəl
Staatsangehörigkeit tabi'at
Stadt chār
Stamm qaum, qabila
Stammesältester də qaum məschər
Stammesgebiet də qaba'ilo munteqa
stark qudrāti, sihatmand, qawi
stehen walāṛ(a)
Stein tiga, ḍabara
Stelle (Ort) dzāy
stellen ichodəl, gd-
sterben mṛəl, mṛ-
Stil (Architektur) sabq
Stimme āwāz
Stoff kapra
stören muzāhim kawəl
Strafe dscharima
Straße sarak, rod
Streichhölzer matschis, gugird *(A)*
streiten dschagra kawəl
Stück barcha
Student styudənt, muhasil
Stunde ganta *(P)*, sa'āt *(A)*
suchen paydā kawəl
Süden dschanub
Summe dscham'a
Suppe sup
süß chog

T

Tabak tambaku
Tablette goli
Tag wradz
täglich hara wradz
Tal dara
Tankstelle də petról steschən
Tante māmi, tschātschi
tanzen raqs kawəl, nacəl, nac-
Tasche baks; **(in Kleidung)** dscheb
Taxi teksi
Tee tschāy
Teehaus tschāy-chāna
Telefon tilfun
telefonieren tilfun kawəl
Telegramm tilgrām
Teppich ġaləy, kelim
teuer grān, qimati
Theater tiātr
tief žawər
Tier haiwān
Tochter lur
Tod marg
Toilette ġuslchāna, taschnāb *(A)*
Toilettenpapier toilet pepər
tot məṛ
töten məṛ kawəl, wāžəl, wāžn-
Tradition rewādsch
tragen wṛəl, wṛ-

traurig ġamdschən
treffen (begegnen) lidəl, win-
Treppe zina
trinken tschəchəl, tschəch-
Trinkgeld tip, bachschisch
trocken wətsch
tschüss pə məcha de cha!
tun kawəl
Tür darwāza
Turban lungi
Turm minār

U

üben tamrin kawəl
über (örtl.) də … tər bāndi;
(zeitl.) lə …. na ziyād;
ü. etwas də … pə bāra ki
überall har tscheri
übermorgen bəl sabā
übersetzen (Sprache) tardschuma kawəl
Übersetzer tardschumān
Überweisung (Geld) də payso legəna
übrig pắtə schəway
Uhr gari *(P)*, sa'āt *(A)*
um … zu də … lə pāra
Umgebung atrāf
umtauschen tschendsch kawəl
Umwelt muhid
unbekannt nāschenās, nābalad
und au
Unfall eksidənt, hadisa *(A)*
Ungläubiger kāfir, be dini
Universität yunivarsiti, pohantun (A)
unrein nāpāk
unschuldig be gunā
unser/e zmung
unten lāndi, katta
unter də … tər lāndi
unterhalten, sich də … sara chabəri kawəl
Unterkunft kor
unterrichten dars warkawəl
unterschreiben emzā kawəl
Urlaub tschuṭṭi, ruchsati *(A)*

V

Vater plār
Ventilator panka
verabreden, sich mulaqāt kawəl
Verabredung mulaqāt
verabschieden, sich chudāi pāmāni kawəl
verärgert chafa
verboten mamnu, man'a;
(Religion) harām
Verbrechen dscharm
verdienen mazdura kawəl
vergessen herawəl, heraw-
vergnügen, sich chuschi kawəl
verirren, sich lār wrək kawəl
verkaufen charcawəl, charcaw-
verleihen pə kerāya bāndi warkawəl
verletzt žobəl schəway
Verletzung žobla, ṭap
verlieben, sich mina larəl, lar-
verlieren wrək kawəl
vermieten pə kerāya bāndi warkawəl
Vermittlung mrəsta;
(Telefon) switsch borḍ
Versicherung bima, inschurəns *(P)*
verspätet nāwacht
versprechen, sich ġalat wayəl, wāy-
verstehen pohedəl, poheg-
versuchen koschisch kawəl
viel zyād
vielleicht schāyad
Vogel murġə
Volk chalk
voll ḍak
von (örtl.) də …
vor də … də məcha
vorbereiten tayār kawəl
vorgestern bəl parun
vorher məchki
Vormittag sahār
Vorname num
vorschlagen peschnehād kawəl
vorstellen (sich) (dzān) mu'arifi kawəl
Vorwahlnummer kod

W

Wagen gāri
wahr haqiqat
während də … pə wacht
Wald dzangal
Wand dewāl

wann kəla, kum wacht
Ware saudā, māl, kāli
warm garm
warten intizār istəl, bās-
warum wali
was cə
waschen mindzəl, mindz-
Wasser obə
Watte mālutsch
wechseln badlawəl, badlaw-
wecken wechawəl, wechaw-
Weg lār
wegen də … pə asās
weiblich chədzina
weil dzəka
weinen žāṛəl, žāṛ-
weiß spin
weit liri
welcher kom yau
wenig ləg
wenn kəla tsche
wer cok
werden kedəl, keg-, schwəl, sch-
wessen də tschā
Westen ġarb
Westler ġarbi, angrez
Wetter mosim
wichtig muhim
wie cənga
wieder biyā
wiederholen tekrār kawəl
wieviel cumra
Wind bād
Winter žəmay
wir mung
wissen pohedəl, poheg-
wo tscherta
Woche hafta
woher lə kom dzāy na
wohin kom dzāy ta
wohnen osedəl, oseg-
Wohnung kor
wollen ġuchtəl, ġwār-
Wort kalima
Wörterbuch qamus, diktschneri
Wunde žobla
wünschen arzo larəl, lar-

Z

zahlen payse warkawəl
Zahn ġāch
Zahnarzt dəntist, də ġāchuno ḍākṭar
Zahnpasta də ġāchuno krim
zeigen chodəl, chey-
Zeit wacht
Zeitung achbār
Zentrum markaz
Ziege buza
Zigarette sigrət
Zimmer koṭa, kamra *(P)*
Zoll gumruk
zu … ta
zufrieden rāzi
Zug relgāri
zurück wāpas
zusammen yau də bəl sara
zuviel ziyāda
zwischen də … tər məndz

Wörterliste Paschto – Deutsch

A

abreschom Seide
achbār Zeitung
adat kawəl gewöhnen
adschā'ibgar ***(P)*** Museum
afgānistān Afghanistan
afis Behörde
ahista langsam
ai-di-kārd Ausweis
ai-si Klimaanlage
ainak(e) Brille
aiskrim Speiseeis
aks ***(A)*** Fotografie;
  a. niwəl, nis- fotografieren
aluṭəl, āluz- (ab)fliegen
amma aber
anbār Müll
andāza Menge, Quantität
angrez Ausländer, Westler
angrezi ausländisch, englisch
anā Großmutter
arām gemütlich
arzān billig
arzo larəl, lar- wünschen
asān leicht, einfach
aschnā kawəl sich bekanntmachen
asiā Asien
asnād Dokumente
atrāf Umgebung
au und
azād frei
azān Gebetsruf
ābi blau
āchistəl, āchl- nehmen, kaufen
ādab Höflichkeit
ādress Adresse
ālmān ***(A)*** Deutschland
ālmāni ***(A)*** deutsch
ārāmi Ruhe
ārzāni Ermäßigung;
  ā. kawəl feilschen
āuredəl, āur- hören
āwāz Stimme, laut

B

bachəna ġuchtəl, ġwār- sich entschuldigen
bachschisch Trinkgeld
bad schlecht
badlawəl, badlaw- wechseln
badraga kawəl begleiten
bahər ***(A)*** Meer
baiskil Fahrrad
baks Tasche, Koffer
bale ***(A)*** ja
baləna Einladung;
  b. kawəl einladen
band See
bandar Hafen
barcha Stück
barābar sitzen, passen
baryalitob Erfolg
bas genug; Bus
bawār kawəl glauben
bād Wind
bāġ Park, Garten
bām Dach
bāqi mānda rückständig
bārān Regen
bāzār Markt
bāyad müssen, sollen, können
be ohne;
  b. aql dumm;
  b. chatar sicher;
  b. dini Ungläubiger;
  b. gunā unschuldig;
  b. lə ohne;
  b. sewād Analphabet;
  b. wādə ledig
bein-ul-millali ***(A)*** international
bemār Patient
benk Bank (Geld)
berta rātag Rückfahrt
bestar Laken, Bettzeug
bəl: b. parún vorgestern;
  b. wacht nächstes Mal
bəṭri Batterie
bill ***(P)*** Rechnung
bima Versicherung
bimār ***(P)*** krank
bimāri Krankheit
biyā wieder
botal Flasche
breschom Seide
buchār ***(P)*** Fieber
bukin kawəl buchen
buṭ Schuh
buza Ziege
buzgar Bauer

Wörterliste Paschto – Deutsch

C

cə was
cənga wie
chabar Nachricht
ch. warkawəl benachrichtigen
chabaryāl ***(A)*** Journalist
chabəri: ch. kawəl sprechen, reden
chabəri-ātəri Gespräch
chafa verärgert
chāli leer
chalk Leute, Volk
chandawəl, chandaw- lachen
char Esel
charāb faul (Obst), kaputt
charcawəl, charcaw- verkaufen
chastakun langweilig
chat Brief
ch. legəl, leg- sich schreiben
chatarnāk gefährlich
chatm Ende;
ch. kawəl benden
chay rechts
chāhəsch Bitte
chām roh
chār Stadt
chāridsch Ausland
chāridschi Ausländer, ausländisch;
ch. payse Devisen
chāwənd Besitzer;
də kor ch. Hausherr, Gastgeber
chāysta schön
chə gut
chədza Frau, Ehefrau
chədzina weiblich
chkulay schön;
də chkulā gina Schmuck
chlāsawəl, chlāsaw- öffnen
chob kawəl schlafen
chodəl, chey- zeigen
chog süß
chor Schwester
chorāk ***(A)*** Essen, Speise
chowunkay ***(A)*** Lehrer(in)
chubsurat (P) schön
chudāi pāmāni kawəl sich verabschieden
chudāwand, chudāy Gott
chugədəl, chugeg- schmerzen
churudsch Ausfuhr, Ausreise
chuschbacht Glück
chuschhāl fröhlich, lustig, glücklich;
də chuschhāləy sara gern
chuschhāledəl, chuschhāleg- sich freuen
chuschi kawəl sich vergnügen
chwalá kawəl schwitzen
chwarəl, chor- essen
chwāgə süß
cok wer
cokəy Sitzbank
cumra wie viel

D

daftar Behörde, Büro
dagə jener
daqiqa ***(A)*** Minute
dara Tal
daracht Baum
dard Schmerz
daredəl, dareg- (an)halten
dariwar Chauffeur
darkawəl geben
dars warkawel unterrichten
darwāza Tür
daryā Fluss
dawā Medikament
dawā-chāna Apotheke
dawām kawəl dauern
day er
daze kawəl schießen
dā dies(-e/-er/-es), sie (Ez);
d. daul solch(-e/-er/-es)
dāru darmal kawəl behandeln (Krankheit)
dāsi so
dehqān Bauer
der spät
dewāl Wand
də von (örtl.);
də ... d. məcha vor;
d. de ihr/e (w Ez.);
d. də sein/e;
d. duy ihr/e (Mz.)
dəlta hier
dəntist Zahnarzt
diktschneri Wörterbuch
diltschasp interessant
diltschaspi larəl sich interessieren

din Glaube, Religion
dost Freund(in)
dosti Freundschaft
droġ wayəl, wāy- lügen
drund schwer
dschagra kawəl streiten
dschahāz fliegen; **dsch. kawəl *(P)*** abfliegen
dscham'a Summe
dschang Krieg
dschanub Süden
dscharima Strafe; **dsch. warkawəl** bestrafen
dscharm Verbrechen
dschazira Insel
dschāla Fähre
dscheb Tasche (in Kleidung)
dschək hoch (Mensch)
dschəldi dringend; **dsch. kawəl** sich beeilen
dschərmanəy Deutsche (w)
dschərmani Deutschland
dschərmaní deutsch
dschərmanay Deutscher (m)
dschi *(P)* ja
dschip Jeep
dschornəlist Journalist
dschoṛawəl, dschoraw- bauen
dschumla Satz (Sprache)
dukān Geschäft, Laden
dur fern
duy sie (Mz.)
dzangal Wald
dzawāb Antwort; **dz. (war-, dar-, ra-) kawəl** antworten
dzān selbst
dzāy Lage, Ort; **də lidəne-waṛ dzāyuna** Sehenswürdigkeiten
dzəka weil
dzini paar, einige
dzməka Erde
dzwān jung
ḍabara Stein
ḍabba Abteil
ḍak voll
ḍala Gruppe
ḍangər dünn (Mensch)
ḍāk chāna *(P)* Post(amt)
ḍāktar Arzt; **də ġāchuno ḍ.** Zahnarzt
ḍer oft, mehr; **ḍ. wacht** lange (Zeit)
ḍoḍəy Essen, Speise, Brot; **də ġarme ḍ.** Mittagessen
ḍ. chwaṛəl, chor- Mittag essen

E

edschāza Erlaubnis; **e. (ra-, dar-, war-) kawəl** erlauben; **e. larəl, lar-** dürfen
ehsās Gefühl
eksidənt Unfall
elaqa Gegend
embulāns Rettungswagen
emzā kawəl unterschreiben
endschin Motor
ensān Mensch
enternəschnəl international
eqāmat Aufenthalt
erport Flughafen
eslām Islam
estefāda kawəl nutzen
estəqbāl kawəl empfangen
etebāri gültig

F

faisala kawəl entscheiden
faransawi französisch
fekr kawəl denken
filəm Film
flu Grippe
folklor Folklore
fork Gabel
forma, formul Formular
fridsch Kühlschrank

G

gadāigar Bettler
ganṭa *(P)* Stunde
gap-schap Gespräch
garm heiß, warm
gaṛi *(P)* Uhr
gāṛi Auto, Fahrzeug, Wagen
ges Gas
gərāmar Grammatik
gilās (Trink-)Glas
goli Tablette
grām Gramm
grān teuer

gugird ***(A)*** Streichhölzer
gul Blume
gumruk Zoll
gutta Finger
ġalat falsch;
ġ. wayəl, wāy- sich versprechen
ġalati Fehler
ġaləy Teppich
ġamdschən traurig
ġar Berg
ġarb Westen
ġarbi Westler
ġarib arm
ġarmam Mittag
ġaṭ dick
ġāch Zahn
ġəray Organ
ġlā Einbruch, Diebstahl
ġlə Dieb
ġruna Gebirge
ġuchtəl, ġwār- bitten, wollen
ġuchtəna Bitte
ġulawəl, ġulaw- betrügen
ġurfa: də payso ġ. Kasse
ġuslchāna Badezimmer, Toilette
ġwacha Fleisch

H

hadisa ***(A)*** Unfall
hafta Woche
hagəy Ei
haiwān Tier
halāl erlaubt (Religion)
halək Junge
halta dorthin, dort
ham auch
hamdāsi genau
hamescha immer, jedesmal
haq Recht
haqiqat wahr
har: h. cok jeder;
h. dzal jedesmal;
h. kāl jährlich;
h. tscheri überall
hara wradz täglich
harām verboten (Religion)
harf Buchstabe
harkəlay kawəl empfangen
haschara Insekt
haspital Krankenhaus
hākim traditioneller Heiler
hāmila schwanger
herawəl, heraw- vergessen
hewād ***(A)*** Land
hic nichts;
h. cok niemand;
h. kəla niemals;
h. tscheri nirgendwo(hin);
h. wacht niemals
hila larəl hoffen
hindustān Indien
ho ja
hoṭəl Restaurant, Hotel
huchyār klug
hunar Kunst

I

ichodəl, gd- legen, stellen
inglisi Englisch
inglistān England
inschurəns ***(P)*** Versicherung
intizār istəl, bās- warten
isāwi Christ
ishāl Durchfall
istirāhat kawəl ruhen, sich erholen

J

jau: j. cok jemand;
j. dzal byā noch einmal
jauwāzi allein, nur

K

kaġāz Papier
kayfyat Qualität
kalima Wort
kalisā Kirche
kambala (Bett-)Decke
kamra ***(P)*** Zimmer, Raum
kapṛa Stoff;
kapṛe Kleidung
kas Person
katəl, gor- besichtigen
katta Ehefrau; unten;
k. au meṛə Ehepaar
katta kedəl, keg- aussteigen
kawəl, kaw- machen, tun
kāfi genug
kāfir Ungläubiger
kāl Jahr
kāli Ware;
k. (lebās) istəl, bās- ausziehen (Kleidung)
kāna ***(P)*** Speise

kār Beruf;
k. kawəl arbeiten;
k. kawunkay Arbeiter
kārchāna Fabrik
kātschuga Löffel
ke oder
kechtəy Boot
kedəl, keg- werden
keek Gebäck
kelim Teppich
kemp (Zelt-)Lager
kemra Fotoapparat
kenastəl, ken- sich setzen
kerāya: pə k. achistəl, āchl- mieten;
pə k. bāndi warkawəl vermieten, verleihen
kəla wann;
k. kəla manchmal;
k. tsche als, dann, wenn
kəlay Dorf
kərkəy Fenster
killi ***(A)*** Schlüssel
kiṇ links
kisa Geschichte (Erzähl.);
k. kawəl erzählen
kitāb Buch
klak fest
kod Vorwahlnummer
kom: k. dzāy ta wohin;
k. wacht wann;
k. yau welcher
konsulgari Konsulat
kor Haus, Unterkunft, Wohnung
koranəy Familie
koschisch kawəl versuchen, kosten, probieren

koṭa Zimmer, Raum
krim: də ġachuno k. Zahnpasta
kuca Gasse
kuhestān Gebirge
kultscha Gebäck
kursi (Sitz-)Bank
kutschnay klein

L

laggedsch Gepäck
lahdscha Dialekt
lambar Nummer
lambu wahəl, wah- schwimmen
landḍ kurz
larəl, lar- haben
largay Holz
lāndi unten
lār Weg;
l. wrək kawəl sich verirren
lārchodəna Führung
lās: l. ta rawṛəl, rawṛ- erhalten
lebās ***(A)*** Kleidung
legəl, leg- schicken, senden
legəna: də payso l. Überweisung
letter Brief
lə: l. ... cəcha aus;
l. kum dzāy na woher;
l. ... məchki bevor;
l. ... na aus;
l. ... na (cəcha) als (Vgl.);
l. ... na rā pə de chwā seit;
l. .... na ziyād über (zeitl.)

ləg bisschen, wenig, selten;
l. cə etwas
ləkin aber
lidəl, win- sehen, begegnen, sich treffen
lidəna Besuch;
l. kawəl besuchen
lifāfa Briefumschlag
likəl, lik- schreiben
liri weit, fern
lmasay Enkel
lmasəy Enkelin
lmār Sonne
lmundz Gebet
lochay Gefäß
loy groß
lube: l. kawə-l spielen;
də l. schiyān Spielzeug
luc nackt
lund nass, feucht
lungi Turban
lur Tochter
lwaṛ oben, hoch
lwastəl, lwal- lesen

M

ma'alumāt Auskunft;
m. ġuchtəl, ġwār- sich erkundigen;
m. warkawəl mitteilen
ma'amur Angestellter
ma'āsch ***(A)*** Lohn, Gehalt
madrasa Koranschule
mahay Fisch
maktab Schule
malgəray Freund
malgərəy Freundin
malgərtiyā Freundschaft

mamnu verboten
man'a verboten
manay Herbst
manḍa wahəl, wah- laufen
manzil Etage
marg Tod
marizi ***(A)*** Krankheit
markaz Zentrum
masāla Gewürz
maschhur berühmt
maschum Kind
maschwara Rat;
m. warkawəl empfehlen
masdschəd Moschee
masəl, mas- lächeln
mast betrunken
matschawəl, matschaw- küssen
matschis Streichhölzer
maydān Platz
mayn Mine
mazdura kawəl verdienen
mazhab Glaube, Religion
māchām Abend
māl Eigentum, Ware
mālga Salz
māliya Gebühr
mālutsch Baumwolle, Watte
māmā Onkel
māmi Tante
mār Schlange
māspichin Nachmittag
māzadār schmackhaft
meherbān herzlich, freundlich
mela Feier, Fest;
m. kaw·l feiern
melma Gast
melmastyā Gastfreundschaft
menetschar Manager
meṛə Ehemann
mewa Frucht, Obst
məcha: pə m. de cha! tschüss!
məchāməch geradeaus
məchki vorher
məndz: də m. cəcha (quer) durch
məṛ Tod, tot;
m. kawəl töten
məschər Chef;
də kəli m. Dorfältester
də qaum m. Stammesältester
millyat Nationalität
mina: m. kawəl lieben;
m. larəl, lar- sich verlieben
minār Turm
mindzəl, mindz- waschen
minəṭ Minute
minyu Speisekarte
mor Mutter
moṛ satt
mosim Jahreszeit, Wetter
moṭar ***(A)*** Auto, Fahrzeug
mṛəsta Hilfe, Vermittlung;
m. kawəl helfen
mṛəl, mṛ- sterben
mu'adab höflich
mu'afiq einverstanden
mu'alim Lehrer(in)
mu'arifi kawəl vorstellen
mubārak wayəl, wāy- gratulieren
mudschahəd Glaubenskämpfer
mudschrim schuldig
muft kostenlos
muhasil Student
muhādschər Flüchtling
muhid Umwelt
muhim wichtig
mulaqāt Verabredung;
m. kawəl sich verabreden
mulk Land
mumkin möglich
mung wir
mundəl, mum- finden
munteqa: də qaba'ilo m. Stammesgebiet
muqadas heilig
murġə Vogel
musāfiri Reise;
m. kawəl reisen
muschkil kompliziert
musiqi Musik
musulmān Moslem
muzāhim kawəl stören
myāscht Monat
myuzium Museum

N

na nicht, nein
nabāt Pflanze
nacəl, nac- tanzen
nafar Person
namāəsch Ausstellung
namāz Gebet
namuna Beispiel
nang Ehre

nangyālay ehrwürdig
naqschā (Land-)Karte
naray dünn
naswāri braun
nābalad unbekannt
nān Brot
nāpāk schmutzig, unrein
nāroġ krank, Patient
nāschenās unbekannt
nāschta kawəl frühstücken
nāst(a) sitzen
nāwacht verspätet
ndscheləy Mädchen
negde nah
nekmərġa Glück
neta Datum
nən heute
nəna watəl eintreten, einsteigen
nəway neu
nikə Großvater
nima'i Hälfte
normal normal
num Name, Vorname
nuqra Silber

O

obə Wasser
oil Öl
or Feuer, Brand
ordar Bestellung
orgān Organ
oray Sommer
os jetzt, schon
osedəl, oseg- wohnen, bleiben
osedunkay Einwohner
otrisch Österreich
otrischi Österreicher(in)

P

pachawəl, pachaw- kochen
pachtun Paschtune
pachtunchwā Paschtunenland
pachtunistān Paschtunenland
paysadār reich
payse Geld;
p. warkawəl (be)zahlen
pakat Paket
palastar Heftpflaster
palatunkay neugierig
panka Ventilator
parun gestern
pasand gefallen
pata Adresse;
p. kawəl finden
patəy Feld
paydā kawəl suchen
pācedəl, paceg- aufstehen
pāk sauber
pākistān Pakistan
pāna Blatt
pāra: də ... lə p. für, um ... zu;
də de lə p. dafür;
də de lə p. tsche damit, um ... zu
pārkin kawəl parken (Wagen)
pāsport Ausweis, Pass
pātə schəway übrig
pcha Fuß
pecha Ereignis
pedəl *(P)* zu Fuß
peġla Fräulein
pensil Bleistift
peschnehād kawəl vorschlagen
petschkāri kawəl *(A)* spritzen (Med.)
pežandəl, pežan- kennen
pə in (zeitl.);
p. ... ki in (Ort);
də ... p. asās wegen;
də ... p. bāra ki über etw.;
də ... p. cang neben;
də ... p. muqābəl gegenüber;
də ... p. wacht während;
də ... p. zəd gegen
pətrol Benzin
pir Alter
plān Plan
plār Vater
plen Flugzeug
pletfām Bahnsteig
poch reif
pohantun *(A)* Universität
pohedəl, poheg- wissen, verstehen
polis Polizei
porawəl, poraw- sich leihen
pori: pə zrə p. interessant
porta kawəl heben
post āffis Post(amt)
postkārd Postkarte
prabləm Problem
praday fremd
prāch breit

Wörterliste Paschto – Deutsch

prewatəl, prewuz- liegen
progrām Programm
psarlay Frühling
psə Schaf
puchtəna Frage;
p. kawəl fragen
pul Brücke

Q

qabila Stamm
qabul einverstanden
qadim alt
qaitschi Schere
qamus Wörterbuch
qanun Gesetz
qasər Palast
qaum Stamm
qawi stark
qātschāq Schmuggel
qemat Preis;
də ṭikət q. Fahrpreis;
q. larəl kosten (Preis)
qimati teuer (Preis)
qudrāti stark
qur'ān Koran

R

rakawəl geben
ramazān Fastenmonat
rang Farbe
rangi filəm Farbfilm
rangin bunt
raqs kawəl tanzen
rasedəl, raseg- ankommen
rasedəna Ankunft
rasəy Seil
rasm kawəl malen
ratol kawəl sammeln
rawiya Benehmen;
cha r. Höflichkeit
rawṛəl bringen
rādyu Radiogerät
rāġləl, radz- kommen
rāzi zufrieden
redschistər kawəl registrieren, anmelden
reg Sand
relgāri Eisenbahn, Zug
rewādsch Brauch, Tradition
rezisch larəl, lar- erkältet sein
rəchkəy Damenbinde
richtini echt
rikschā Rikscha
riper kawəl reparieren
rischwat Bestechung
risərf kawəl reservieren
ristorān Restaurant, Gaststätte
rod Straße
roġ gesund
roġan Öl
roġtiyā Gesundheit
roġtun *(A)* Krankenhaus
rop Seil
roṭi Brot
roža niwəl, nis- fasten (relig.)
ruchnā hell
ruchsati *(A)* Ferien, Urlaub
rud Fluss
ruksek Rucksack
ruṇā Licht

S

sa'āt *(A)* Stunde, Uhr
sababa: lə de s. deshalb, darum
sabā morgen;
bəl s. übermorgen
sabq Stil (Architektur)
sabut Beweis
sabzidschāt Gemüse
sacht hart, schwer
sada einfach
safar Reise;
s. kawəl abreisen
sahār Vormittag, Morgen
saikil Motorrad
saiz Größe (Kleidung)
salām (war)kawəl begrüßen
sam gültig, richtig
samandar Meer, See
samān Gepäck
samdelāsa plötzlich, sofort
sana'at Industrie
sanad Dokument
sandəra Lied;
sandəre wayəl, wāy- singen
sangit *(P)* Lied;
s. wayəl, wāy- singen
saniya *(A)* Sekunde
sar ta rasawəl, rasaw- aufhören
sara: də s. mit, bei
sara'at Landwirtschaft
sarak Straße
sarhad Grenze
saṛay Mann
satl Eimer
saudā Ware

sābun Seife
sāf sauber;
s. kawəl säubern
sāhəb Herr
sāṛə kedəl, keg- frieren
sātəl, sāt- sparen
schachsi privat
scharāb Alkohol
scharq Osten
schay Ding, Sache
schādi ***(P)*** Hochzeit
schāgird Schüler(in)
schāhbas ausgezeichnet
schām Abend
schāyad vielleicht
schikār kawəl jagen
schikāyat kawəl sich beschweren
schimāl Norden
schin blau, grün
schiryach ***(A)*** (Speise-)Eis
schischa Glas (Material)
schmer Rechnung
schmerəl, schmer- rechnen
schohar Ehemann
schpa Nacht
schtaman reich
schtəmp Briefmarke
schugl Beruf
schukriya danke;
sch. wayəl, wāy- danken
schuru kawəl anfangen
schwəl, sch- werden
sepārəcht Bestellung;
s. kawəl bestellen
serindsch kawəl spritzen (Med.)
səkənd Sekunde
sərf nur
sida ***(P)*** geradeaus
sifārat Botschaft (dipl.)
sigrət Zigarette;
s. tskawəl rauchen
sihat Hygiene
sihatmand stark
silk Seide
sima Gegend
sinā Brust(korb)
sind Fluss
sinemā Kino
siyāsat Politik
skul Schule
sola Frieden
soṛ kühl, kalt
spay Hund
sperpārṭ Ersatzteil
spək leicht (Gewicht)
spin weiß;
sp. giray Alter (= Weißbart)
sport Sport
stā dein/e
stāsu euer/e, Ihr/e
steschən Bahnhof, Haltestelle;
də petrol st. Tankstelle
stən Nadel
stəray müde
styudənt Student
subanaray kawəl ***(A)*** frühstücken
sunduq ***(A)*** Koffer
sup Suppe
sur rot
suray Loch
swadzedəl, swadzeg- brennen
swis Schweizer(in)
switsarlənd Schweiz
switsch borḍ Vermittlung (Tel.)

T

ta in, nach, zu (Richtung)
taba Fieber
tab'a (Staats-)Bürger
tabi'at Natur, Staatsangehörigkeit
tabi'i natürlich
tafrih Pause
tahkir kawəl beleidigen
takṛa fleißig
talafuz Aussprache
talaschi kawəl ***(A)*** kontrollieren
tambaku Tabak
tambal faul, träge
tamrin kawəl üben
tanchā Lohn, Gehalt
tang eng
taqriban etwa
taraf Seite, Richtung
tardschuma kawəl übersetzen
tardschumān Übersetzer, Dolmetscher
tartibawəl, tartibaw- organisieren
taschakur ***(A)*** danke;
t. wayəl, wāy- danken
taschnāb ***(A)*** Bad, Toilette
taswir Bild, Fotografie;
t. niwəl, nis- fotografieren
tayār fertig;
t. kawəl vorbereiten
tayāra ***(A)*** Flugzeug

Wörterliste Paschto – Deutsch

tayr Reifen
tāləndа au brechnā Gewitter
tālib Schüler(in)
tār Faden
tārich Datum, Geschichte
tārak dunkel
tāsu ihr, Sie
tāza frisch
tedschārat Handel, Geschäft
tekrār kawəl wiederholen
teksi Taxi
tel *(A)* Benzin
tez scharf, schnell
tə du
təgay durstig
tər schon;
də ... t. bāndi auf, über (örtl.);
də ... t. lāndi unter;
də ... t. məndz zwischen;
də ... t. schā hinter;
də de t. schā dahinter;
t. osa noch;
t. ... pori bis
tiāra dunkel
tiātr Theater
tiga Stein
ṭikki Brot
tilfun Telefon;
t. kawəl telefonieren
tilgrām Telegramm
ting fest
tip Trinkgeld
tləl, dz- gehen, abfahren
tod heiß
tofa Geschenk
ṭoilet pepər Toilettenpapier
topak Gewehr
tor schwarz
toray Buchstabe
trewel edschensi Reisebüro
trich sauer
tschabok schnell
tschā: də tsch. wessen
tschābi *(P)* Schlüssel
tschākar wahəl, wah- spazierengehen
tschāku Messer
tschālawəl fahren
tschārpoy Bett
tschātri Regenschirm
tschātschā Onkel
tschātschi Tante
tschāy Tee
tschāy-chāna Teehaus
tsche dass
tschek Scheck;
tsch. kawəl kontrollieren
tschendsch kawəl umtauschen
tscherta wo
tschəchəl, tschəch- trinken
tschərāch Lampe
tschige wahəl, wah- rufen, schreien
tschuṭṭi Ferien, Urlaub
ṭap Verletzung
ṭik genau, gesund, gut, richtig
ṭikəṭ Fahrkarte;
də dschahāz ṭ. Flugticket
ṭiṭ niedrig
ṭi-wi Fernsehgerät
ṭol ganz, alles
ṭoləna Gesellschaft

U / W

uch Kamel
ugd lang (Entfernung)
um roh
umr (Lebens-)Alter
ustād Chauffeur
wacht Zeit;
pə w. pünktlich
wachti früh
wagəri *(A)* Leute
wahəl, wah- schlagen
walār(a) stehen
wali warum
warkawəl (ab)geben
warkschāp Fabrik;
də gāri / moṭar w. Autowerkstatt
waṛukay klein
watəna Ausgang
wayəl, wāy- sagen
wazn Gewicht
wāchə Gras
wādə Hochzeit
wāpas zurück
wāred Eingang
wāredāt Einfuhr
wāzeh kawəl erklären
wažəl, wāžn- töten
wechawəl, wechaw- wecken
wechedəl, wecheg- aufwachen
weksin kawəl impfen
weredəl, wereg- sich fürchten
wəgay hungrig

wəna Baum
wətsch trocken
wira Angst
wradz Tag
wrək kawəl verlieren (Dinge)
wro langsam
wror Bruder
wruna au chwende Geschwister
wrusta: də ... na w. nach (zeitl.);
də de na w. danach
wṛəl, wṛ- tragen

Y

ya nein
yach kalt, eisig
yachtschāl ***(A)*** Kühlschrank
yahud Jude
yau: y. də bəl sara zusammen, miteinander;
y. dzal einmal
yā oder
yād Andenken;
pə y. sātəl, sāt- sich merken
yādawəl, yādaw- sich erinnern
yādgār Denkmal
yuniwarsiṭi Universität

Z / Ž

zahr Gift
zar Gold
zarf Gefäß
zarurat larəl, lar- brauchen
zaruri notwendig
zda kawəl lernen
zegedəna:
də zegedəne wradz Geburtstag
zə ich
zəwa Eiter
zina Treppe
ziyāda zuviel
ziyāt mehr
zmā mein/e
zmung unser/e
zoṛ alt (nicht jung)
zoy Sohn
zṛə lə kumi herzlich
zukām Grippe
zyād viel
žawər tief
žāṛəl, žāṛ- weinen
žəba Sprache
žəmay Winter
žeṛ gelb
žər bald
žobəl schəway verletzt
žobla Verletzung, Wunde
žwand Leben;
ž. kawəl leben

Der Autor

Erhard Bauer wurde 1958 in Weitersroda, Thüringen, geboren. Nach einem Studium der Iranistik arbeitete er an der Humboldt-Universität Berlin und der Universität Bamberg.

Mehrmonatige Reisen führten ihn nach Afghanistan und Pakistan, wo er sich mit verschiedenen Sprachen und Dialekten beschäftigte.

Für die Hilfe bei der Arbeit an diesem Sprechführer gilt Heike Bill und vielen paschtunischen Freunden besonderer Dank.